現人神の創作者たち(上)

山本七平

筑摩書房

目次

II

下巻目次

Ⅲ

IV

現人神の創作者たち　上

序章

読者はあるいは奇異に感じられるかも知れない、一体何で今ごろ尊皇思想の発端から成立、さらにその系譜などが問題になるのかと。そんなものはすでに過ぎ去った悪夢であり、現代には何の作用もしておらず、その主題は騒々しい宣伝カーで街頭をかけまわる戦後職業右翼の空疎なスローガンにすぎないではないか、と。

問題はそこにあるであろう。戦時中のさまざまな手記、また戦没学生の手紙などを読むと、その背後にあるものは、自分ではどうにもできないある種の「呪縛」である。その呪縛に、それを呪縛と感じないほどに拘束され切っている者はむしろ少なく、それに抵抗を感じ、何やら強い矛盾を感じつつもそれをどうすることもできず、肯定もしきれず否定もしきれず、抵抗しつつそれを脱し得ないという姿である。もしこのとき、その人びとが、これは朱舜水《しゅしゅんすい》という一中国人がもたらし、徳川幕府が官学とした儒学的正統主義と日本の伝統とが習合して出来た一思想、日本思想史の数多い思想の中の一思想で朱子学の亜種ともいえる思想にすぎないと把握できたら、その瞬間にこの呪縛は消え、一思想としてこれを検討し得たはずである。そして検討した上で、あくまでも自分はこの思想を選択すると言うのなら、それはそれでよいし、それを脱却してこれに反対する思想的根拠を自らの内に形成し保持し得るなら、それもそれでよい。それならば討論が可能である。しかし、そのいずれかが明確にできたという証拠は、上記の記録の中に見出すことはできず、そのためそこに生ずるのは諦念と詠嘆である。

だがそれは戦前の問題ではないか、という人がいるかも知れない。だがその人は故吉田満氏の『戦中派の死生観』を読まれればよい。「ポツダム宣言受諾によって長い戦争が終り、廃墟と困窮のなかで戦後生活の第一歩を踏み出そうとしたとき、復員兵士も銃後の庶民も、男も女も老いも若きも、戦争にかかわる一切のもの、自分自身を戦争にかり立てた根源にある一切のものを、抹殺したいと願った。そう願うのが当然と思われるほど、戦時下の経験は、いまわしい記憶に満ちていた。日本人は「戦争のなかの自分」を抹殺するこの作業を、見事にやりとげた、といっていい。戦後処理と平和への切り換えという難事業がスムーズに運ばれたのは、その一つの成果であった」と。

その通りである。だがこのことは、戦前の思想を敗戦とは無関係に検討し、それから脱却して新しい思想を獲得したということではない。そしてそれが最もよく現われているのは終戦前後の新聞であり、そこにあるものはこの「呪縛」の徹底的解明とそれによる克服ではなく、吉田氏の指摘する通り「まやかし」であった。「戦中派世代が戦後史の中で一貫してになってきた役割は、社会と経済の戦後の復興から発展、高度成長への過程で、常に第一線に立って働くことであった。黙々と働きながら、われわれはしかしそのことに満足していたわけではない。自由、平和、人権の尊重、民主主義、友好外交、そうした美名のかげにある実体はまやかしであり、戦後日本の出発には大きな欠落があることを、直感していた」と。

　戦前、人は何に呪縛されているかを知らなかった。そして出発点に於てそれを明確にせず、それをあやふやに消すという「まやかし」によって転換をとげたことは、その呪縛を裏返しの呪縛にかえ、その上に別の呪縛を加えるという結果になった。そのため、少なくとも良心のある者は、自己の態度にまことに矛盾を感じながら、それを如何《いかん》ともなし得ないという、戦前にきわめてよく似た状態に落ち込んでおり、何か突発的な事件があればそれが露呈してくる。

　そこにあるのは一体何であろうか。それは自己の伝統とそれに基づく自己の思想形成への無知である。そして戦後の〝進歩的人士〟は、これに無知であることがそれから脱して、自らを「戦前の日本人でなくし」、新しい「民主日本」なるものへと転換する道であると信じていた。だが不思議なことに、明治の〝進歩的人士〟も同じように考え、自らの歴史を抹殺し、それを恥ずべきものと見ることが、進歩への道と考えていた。べルツはその『日記』に次のように記している。「しかし乍《なが》ら――これはきわめて奇妙なことだが――今日の日本人は、自己の歴史をもはや相手にしようとしないのである。いや、教養ある連中は自国の歴史を恥じてさえいる。〝とんでもない。一切が野蛮きわまりないのです〟とあるものは私に言った。またあるものは、私が日本史について質問すると、きっぱりと言った。〝我々には歴史はありません。我々の歴史はいまやっと始ったばかりです〟」。この抹殺は無知を生ずる。そして無知は呪縛を決定的にするだけで、これから脱却する道ではない。明治は徳川時代を消した。と同時に明治を招来した徳川時代の尊皇思想の形成の歴史も消した。そのため、尊皇思想は思想として清算されず、正体不明の呪縛として残った。そして戦後は、戦前の日本人が「尊皇思想史」を正確に把握していれば、その呪縛から脱して自らを自由な位置に置き得たのに、それができなかったことが悲劇であったという把握はなく、さらにこれをも「恥ずべき歴史」として消し、「一握りの軍国主義者が云々」といった「まやかし」を押し通したことは逆に、裏返しの呪縛を決定的にしてしまった。しかし問題はそれだけではない。

というのは尊皇思想は日本史に於てはむしろ特異なイデオロギーであり、それだけがわれわれの文化的・伝統的な拘束すなわち呪縛ではない。その背後には十三世紀以来の、一つの伝統がある。そして「宮永スパイ事件」〔一九八〇年、宮永幸久・元自衛隊陸将補が、在職中の部下で現役自衛官の二人から数次にわたって軍事情報を入手、ソ連大使館付き武官に手渡していたことが発覚し、同元陸将補は自衛隊法の機密漏洩罪に問われ懲役一年の実刑に処せられる。事件は波紋を呼び、その後のスパイ防止法制定論議に影を投げかけることになる――編集部注」におけるる読売新聞の社説（一九八〇年一月二十日付）は、皮肉なことに、貞永式目発布の際、北条泰時が六波羅《ろくはら》探題《たんだい》の重時に与えた手紙と発想がきわめて似ており、その点ではこれまたまことに伝統的なのだが、書いた本人は、それが日本の伝統に基づく発想だとは思っていない。問題は常にここに返ってくる。この「思っていない」ことが、すなわち「何により自分はそういう発想をするのか」という自覚のないことが、私のいう呪縛である。呪縛にかかった者は、その理由がわからない。これは戦前も戦後も同じであり、従ってこの社説の執筆者にそれを問うても、なぜ自分がそういう発想をしたのかが、自分でもわからないであろう。

　両者の対比はこれから行うが、こういう点でわれわれは伝統的な民族でありながら、それを主義として再把握している伝統主義的民族ではないという奇妙な位置にいる。これは、日本という島の中で、日本語しか通じない一民族という形で形成され、純粋培養のような形で歴史を形成していながら、それを明治や戦後のように、抹消という形で人為的に切断すれば、そうなって当然であろうし、鎖国時代はそれでよいのかもしれない。だがそのために自己把握ができず、そこで、明治以来の諸外国との接触に於て、常につまずいてきた。

前記の社説は次のように記している「……憲法が戦争を放棄し、戦力の保持を禁じてはいても、自衛権の行使は、自然法に基づく国の普遍的な責務でもある」（傍点筆者）と。この言葉はさまざまな問題を含む。まず日本の基本法には「憲法」と「自然法」の二つがあり、憲法で否定されていても自然法で認められるものは合法的であるということになる。となれば、憲法よりも自然法が優先し、また憲法自体が自然法に違反しているということにもなる。このことは、逆に憲法で許されていても、自然法に抵触するものは非合法ということにもなる。では一体、この自然法に適合しているか否かをだれが判定するのか。違憲立法審査権は最高裁がもつなら、「違自然法立法審査権」はだれがもっているのか。そしてそこで「違自然法」と判定されれば、憲法の条項自体も否定できることになるが、もしそうならそれは「超憲法的」な絶対的な法である。さらに、この自然法なるものはその内容が明確でないから、それに基づく審査権は、立法権に等しいものになってしまう。ではその立法権に等しいものをだれがもつのか。

この社説を見ると、それをまるで新聞がもっているかの如き観がある。すなわち「戦力の保持は憲法が禁じている。従って自衛隊は違憲である。しかし、この自衛隊による自衛権の行使は自然法に基づく国の責務であると新聞は認める。従って自衛隊の存在は合法的である」というなら、新聞が自然法に基づいて合法的と認めたものは憲法に違反しても合法的であり、同時に新聞が自然法に基づいて非合法と認めたものは、最高裁が憲法に基づいて合憲と認めたものも非合法ということになるであろう。では新聞は、そう主張できる正統性をもつのか。その正統性は何を根拠にしているのか。これはある意味において正統性の恣意的な創出であり、独裁権の主張である。

「恣意的に正統性を創出し、オレの言葉が「法」だといい得る独裁者は民主主義と裏腹の関係で出現し、民主主義の社会でないと出現し得ない」という意味の田中美知太郎氏の定義が、そのままあてはまるような状態が現出したわけだが、確かにこの種の独裁者は、宗教法的な伝統社会では出現し得ない。イスラム圏では、「自然法はコーランに優先する」とか「コーランではなく、人民の名によるオレの言葉が法律だ」という人間は出現し得ない。というのは法の解釈でさえ、なぜ自分がそれをなし得る権限をもつかを、正統性に基づいて証明しない限り、不可能な世界だからである。簡単にいえば「自衛隊は宗教法に違反するが自然法に違反しないからよろしい」などと恣意的に言える人間はいないわけである。だがこのことは、憲法が存在する法治国でも同じはずであり、もしそれが言えるなら憲法はすでに存在しないに等しい。

ではなぜ、最大発行部数を誇る新聞の社説にこのような言葉が出て来ても、だれも驚かないのであろうか。これはもちろん日本の伝統、しかもきわめて大きな危険をはらむ日本の伝統に基づく。ここでもう一度吉田満氏の言葉を思い起してみよう。「……戦後生活の第一歩を踏み出そうとしたとき……、自分自身を戦争にかり立てた根源にある一切のものを、抹殺したいと願った……」。それが氏のいわれる「まやかし」の基であり、この「抹殺」の成果である憲法と「まやかし」との関係で生れてきたのが、上記の社説の背後にあるものであり、それがすなわち、消したがゆえに把握できなくなった伝統の呪縛なのである。

戦後社会は、自らが一定の思想のもとに構築した社会でなく、敗戦の結果「出来てしまった社会」である。この出来てしまった秩序をそのまま認め、その統治権がいかなる正統性に基づいているかを問題にしないか、出来てしまった後で何らかの借りものの正統性を付与するという擬似正統主義、すなわち戦後と同じ状態の「まやかし」に基礎をおくことは、実は、幕府なるものの伝統であった。一体「幕府」なるものが統治権を行使しうる法的根拠はどこにあるのか。第一それは合法的政権なのか、非合法的政権なのか。幕府自体の合法性を証明できなければ、当然、立法権はない。それは、現に立法権を行使し、恣意的に法を制定しながら、「これは法でない」と主張し、従来の法を尊重しておりますという態度になる。いわば前記の憲法・自然法という並存を、「新聞は自分に恣意的な立法権があると主張するのか」と問えば「とんでもない。新聞は常々憲法を尊重し、憲法改正に絶対反対し、前記の社説でも、憲法を否定しようなどという気はさらさらにない」と言って、私の言葉を何か不当な言いがかりのように言うであろう。まことに面白いことに、幕府を独立させ、幕府法ともいうべきものを発布した北条泰時の態度がまさにそうだったのである。

承久の変で京都に攻めのぼり、三上皇の配流《はいる》という「関東分国独立戦争」ともいうべきことをやってのけた彼は、一方に於ては奇妙なほどの天皇尊崇家であり、正統主義者北畠親房が『神皇正統記《じんのうしょうとうき》』で高く評価しているという不思議な存在である。その彼が「貞永式目」を発布したことは不思議ではない。これは「幕府法」であり、立法権の行使であって、幕府という政権はこのときに樹立されたと考えてもいい。いわば統治の三権を完全に掌握してしまったわけである。では一体この「幕府法」と律令格式に基づく公家法、いわば「天皇法」とはどういう関係にあるのであろう。彼は「天皇法」を廃止して新たに「幕府法」を制定したのであろうか。そうではない。それは日本国憲法と新聞自然法のように、奇妙な並存状態なのである。

まず貞永式目のどこを見ても、統治権は幕府がもつとは書いていない。従って何がゆえに彼がこの立法権を行使し得るのかも書いてはいない。いわば正統性の主張は全くないのである。それどころか、彼が六波羅探題の弟重時に、式目について書き送った手紙には、これは「法」ではないと記しているのである。

では一体何なのであろうか。彼は「目録」だと言っている。「御成敗候べき条々の事注され候状を、目録となづくべきにて候を、さすがに政《まつりごと》の躰をも注載《ちゅうしのせ》られ候ゆへに、執筆の人々さかしく式条と申《もうす》字々をつけあて候間、その名をこと〴〵しきやうに覚《おぼえ》候によりて式目とかきかへて候也」(傍点筆者)と。では、当時の「目録」という言葉に「法」の意味があったのであろうか。学者は、その例が全く見当らず、目録とは当時も、所領目録・文書目録のように、物の名称・数量を列記して書きあげた文書を言い、法令集を目録といった例は見当らないという。泰時はこの「目録」で押し通したかった、ところが執筆をしたものが「式条」とした。これでは法令のように見えるから「式目」とかえたという。

　だがこう言っても、人びとがこの言葉に納得するとは泰時も思っていない。「憲法とその自然法とはどういう関係にあるのか。それは恣意的な立法権の行使ではないか。その自然法なるものが依拠している法理上の原典は何か」などと言ううるさい人間が必ずいる。「さてこの式目をつくられ候事は、なにを本説(依拠すべき法理上の原典)として被注載《ちゅうしのせらるる》之由、人さだめて謗難を加《くわうる》事候歟《や》」。ではその非難に対してどう答えるか。「ま事《こと》にさせる本文(本説と同じ)にすがりたる事候はねども、たゞ道理のおすところを被記《しるされ》候者也」。この点はまことにはっきりしており、別にこれは天皇法の注解ではなく、それに依拠しているわけではなく、ただ「道理のおすところ」を記しただけであるという。これは「自衛権の行使は、自然法に基づく国の普遍的な責務」と同じで、これまた「ま事にさせる本文(=憲法)にすがりたる事候はねども」「道理のおすところ」であるということであろう。こうなると、この自然法とか道理とかいう言葉は、当然自明のこと、いわば「あたりまえのこと」の意味を含む。では、あたりまえでない法を廃して、道理もしくは自然法に基づく法を制定したのだと言っているのかと思えば、そうではない。これは新聞が自然法を憲法と並べても、この憲法は自然法に依拠していないからこれを廃して、自然法に依拠した新しい憲法をつくれと言っているのではないのと似ている。「これによりて京都の御沙汰、律令のおきて聊《いささか》も改まるべきにあらず候也」と。そしてこう言いつつ、実際には立法権を行使していく。これまたわれわれのもつ伝統なのである。

この状態は、出来てしまった状態をそのまま固定して秩序化しても、基本的な名目的な体制の変革は行わない、しかし実質的には情況に即応して変化しつつ対応して行くという行き方である。そしてこの基本は貞永元年（一二三二年）から明治まで、そしてある意味では現代まで変っていない。徳川幕府もまた出来てしまったのであり、その出来たという事実に基づいて戦国時代を凍結し固定化しただけであって、新しい原則に基づく新しい体制をつくったわけではない。従ってその政策は「戦国凍結」であり、諸大名はまるで敵国に準ずるかのように、人質をとって統御している。それでいながら、中央政府の機能も果している。

その体制は、正統主義者から見ればまことに奇妙であった。だがその奇妙さは長い伝統をもってそれなりに機能している。もちろんその機能の仕方は中国とは全く違ったものであったろう。もし日本が当時の中国に対してごく自然な対等感をもっていれば、比較文化論的に両国を対比し、自己の伝統の中に中国とは違う正統性を確立することが可能であったかも知れない。それが念頭にあったと思われる新井白石のような人もいたが、一般的に言って幕府自身にその発想はなく、便宜主義的に朱子学を援用していればよいというのが基本的態度であった。だが便宜的援用は逆に権威化を要請する。

その権威化は相手を絶対化すること、いわば中国を絶対化することによって、それを絶対化している自己を絶対化するという形にならざるを得ない。

こうなると、自由なる討論などというものはあり得ず、権威化した自己に反対する者はすべて、何らかのレッテルをはって沈黙させねばならない。それが「アカ」と表現されようと「保守反動・右翼」と表現されようと実質的に差はないように、権威化された官学の代表林羅山にとってはすべて「耶蘇《ヤソ》」であった。彼の手にかかると、後述するように熊沢蕃山《ばんざん》も山崎闇斎《あんさい》も「耶蘇」になってしまうのである。

だがまことに奇妙なことに、否むしろ当然のことかも知れぬが、こうなると、この異端視されたものもこれと対抗して自己を権威化せざるを得ない。そしてそれが、さまざまな曲折を経つつ、次の時代へと社会を移行させる思想を形成していく。そして最終的に勝利を得、明治なるものを招来させた原動力となったのがこの思想であった。だが前記のベルツの『日記』にあるように、明治は自らの手で、明治型天皇制の〝生みの親〟

を抹殺する。それは簡単にいえば、「現人神《あらひとがみ》」という概念の創作者がだれかを、またこの概念を育てた者、完成させた者がだれかを、消してしまった。消してしまったがゆえに呪縛化し、戦後はまたそれを消したがゆえに二重の呪縛となった。

それを解いて自由を回復するには、まず「現人神の創作者たち」からはじめねばなるまい。

I

慕夏思想・天皇中国人論と水土論

戦後は「出来てしまった体制」だと記したが、三百年前の体制もまた「出来てしまった体制」で、何らかの思想に基づく新しい制度を創立したわけではない。そしてこの出来てしまった政府すなわち徳川幕府もまたさまざまな意味での戦後政府であった。北条政権崩壊以来約三百年つづいた内戦と朝鮮出兵という無謀な小型太平洋戦争とに結末をつけ、対内的にも対外的にも一切の戦争乃至《ないし》は戦争的な行為をやめ、ひたすら平和的秩序の樹立を目指した政府であった。これは確かに世論の支持を受けており、戦後の「もう戦争はいやだ」に似た「もう戦乱はいやだ」といった発想は徳川時代を通じて一種の底流として常にあり、幕末になってもこれが見られる。これを見ると、日本人は必ずしも忘れっぽい民族でない。忘れるのははじめから覚える必要のない対象であり、それは後述する擬似正統主義の押しつけにすぎない。真に要請されたものを人は忘れず、この場合の要請は秩序の思想であり体制の哲学であった。だがまことに面白いことに、この秩序の思想が徳川時代の革新思想ともいうべき尊皇思想を生み、体制の哲学そのものが反体制の哲学を生んでいくのである。思想は常にそのように機能するものであろう。この点から見れば、何の根ももたぬ輸入の反体制運動などは、何の機能もせずに雲散霧消して当然である。だがまずこの秩序の思想の成立を検討してみよう。

徳川時代のはじめに、どのような体制の哲学があり、それが現代とどのように対比できるであろうか。この点に於て徳川幕府は戦後政府より選択権を明確に持ち、それに基づく儒教の選択は基本的には正しく、戦後よりも合理的であったといえる。というのは孔子自身が「春秋」すなわち一種の戦国時代に生きた人であり、彼が求めたのは秩序の思想だからである。いかなる天才といえども一面では時代の子であり、乱世に生きてひたすら秩序を求めた者の思想が、基本的には秩序の思想であって不思議ではない。戦乱、動乱、革命を夢見ることができるのは、常に平和な時代である。だが当然のことにその思想はそのまま日本には移植されず、日本の現実に対応してさまざまに作用した。そこでまずその初期の作用を慕夏《ぼか》主義、水土論、中朝論の三つに分けて考えてみよう。

慕夏主義とは少々変な名称だが、その由来は後述するとしてまず内容を摘記すれば、日本の歴史も日本の置かれた位置も一切無視して、ある国もしくはある体制を絶対的なものと考え、それになるか、それに近づくことを目標とする主義である。いわば戦後の「まだ民主化が足りない」といった発想であり、この場合の民主化の基準はもちろん欧米の民主主義をそのまま目標としているわけである。さらにそれだけでなく、ある国をその体現者と考え、その国を理想化し、それにあこがれ、それを目標とする主義と言える。戦後の一時期アメリカ、イギリス、ソ連、中国等々が次々と、目標として掲げられたような状態である。これは、思想もなく思考力もない者が権威者として振舞うには最も良い方法であった。

これが、徳川時代と戦後のはじめに出て来て不思議ではない。というのは、前者は武力と謀略により覇権を確立した政府であって、中央・地方とも、統治権の正統性を証明する思想的根拠はなかった。この点、旧政権の打倒と新政権の樹立およびその正統性の確立について、後述するような一応の理論が確立している中国とはわけが違う。また戦後民主主義の成立も同じであって、この変革の前にそれを正統化する思想が準備されていたわけではなく、有史以来はじめての無条件降伏の結果招来されたものであった。いわばこの場合も、長らくの思想闘争が新しい憲法に結実したわけではなく、人びとがそれを〝マッカーサー憲法〟と呼んだとて、別に不思議ではない。というのは戦前のどこを探しても、第九条を含めた新憲法草案に等しいものも、それを生み出すべき新思想も、それを基にした政治運動も存在しているわけではない。この点、フランス革命ともソビエト十月革命とも違うからである。しかしいずれにせよ両者とも新しい秩序がまず出来てしまったのである。となればそれに対して取り急ぎ何らかの正統性を付与しなければならない。こういう場合に慕夏主義が出て来て当然だが、その前に、ある思想圏・文化圏もしくはそれを体現していると見られる国々への、一種の「あこがれ」がなければならない。そしてこの「あこがれ」と「あこがれ運動」ともいうべきものなら、もちろん新憲法とは無関係だが、戦前にも確かに存在した。いわば慕夏主義の前提となるべき慕夏思想である。

ではこの種の思想をなぜ慕夏思想というのか。それは、金忠善の書いた『慕夏堂文集《ぼかどうもんじゅう》』という本の書名に由来する。彼は加藤清正の部下で朝鮮出兵に従軍した日本の武士であるという。この人は、中国にあこがれ、日本は中国になるべきだと信じていた。だがいきなり中国になれと言ってもそれは不可能だから、まず第一段階として韓国になり、ついで中国を目指すべきだと考えていた。いわば当時の日本を、戦後の新聞の「まだ民主化が足りない」のように「まだ韓国化が足りない、まだ中国化が足りない」という発想で見ていたわけである。その彼が朝鮮出兵に従軍したのは不思議なようだが、史上、憧憬と侵略が一体化している例は少しも珍しくない。いわば「アテネを目指した蛮族」のような心情である。だが彼はその「あこがれの北京」に到達できなかったので韓国軍に降伏して帰化してしまったという。この行動は一見矛盾しているようだが、それなりに筋が通っている。もっともこれは、実はすべてがフィクションで、一日本人が金忠善の筆名で記したともいわれ、私自身、その真相は知らない。

さらに行動にまで至る「思想」とは言えぬ一種の「慕夏ムード」ともいうべきものなら、足利時代からすでにあったことは否定できない。いわば明治以降の欧米あこがれムードのようなものであろう。だが当時は乱世であるから、それを一つの主義として、いわば秩序の思想として現実を規制するわけにはいかない。そしてこれが、徳川幕府による秩序樹立とともに体制の哲学として出て来て当然であった。だがムードならいざ知らず、中国的な体制の哲学を、当時の日本に現実にそのまま機能させることは無理である。となるとこれによる日本の思想的統合はすぐ破綻して不思議ではない。こういう場合、必ず出てくるのが「解釈権」という問題なのである。この場合、権力からその解釈権を委任されたか、委任されなくてもそう自任している者にとっては、樹立された既成の秩序を、輸入の正統思想に基づいて正当化するため、どのような解釈を施すべきかが最も大きな問題になる。そして徳川幕府の場合これを担当したのが林家であり、明治は〝明治の林羅山〟加藤弘之とその系統であり、戦後は、東大、岩波、朝日新聞などの、戦後正統思想の護持をもって任じた機関であったであろう。もちろんそれらの機関が、一見、反政府・反体制的な擬態をとり、政府批判をするのは当然である。というのは、その名目は体制の護持でなく正統性の護持であり、そうでなければ体制の護持として機能し得ないからである。しかし、その解釈権の行使を、ある一定の期間で検討してみると、林家であれ戦後の新聞の「社説史」であれ、だれにでもすぐわかるほど支離滅裂なのである。だがそれは巧みに行えばその時点では案外気づかれないものなのである。その方法は簡単に言えば「憲法を守れ」と主張しつつ、自己に都合の悪い条文は無視するという方法である。憲法のような、わずか百三条しかない短いものでもこれをなし得る。どの点でそれを行っているかは『日本的革命の哲学』で記したから再述しないが、日本国憲法ですら行えるなら、多くの人が直接に原文に接することのできない海外の思想なら、自由に「採用・無視」が行えて不思議ではない。

林家の任務は、中国思想を人類普遍の原理として、幕府はこの人類普遍の原理に基づいて統治し、また統治しなければならぬゆえに正統性をもつ、ということを証明することである。従ってもしだれかが「何故に中国思想は人類普遍の原理なのか」という疑問を提出したら、否、提出しないまでも結果に於てその種の疑義を生ずるような思想を持つ者がいたら、あらゆる方法でこれを排除しなければならない。そのやり方は、戦後の一時期の新聞の行き方に似ており、以上の危険を察知したらすぐさまその者にレッテルを貼ってきめつけて排除しなければならないということである。いわば「右翼」とか「反動」とかいったきめつけであり、林家が使ったのは専《もっぱ》ら「耶蘇《ヤソ》」すなわちキリシタンであった。林道春（羅山）の手にかかると、後述する熊沢蕃山も山崎闇斎もまた由比正雪もみな「耶蘇」になってしまう。この「耶蘇」と戦後の「右翼」とか「反動」とかの用法を対比してみると、同じ立場に置かれると同じようなことをするものだなと思わざるを得ない。と同時に林道春が「耶蘇」ときめつけた人びとと、戦後「右翼」「反動」のレッテルを貼られた人びとを対比してみたら、面白いであろう。

林道春は、中国思想を日本人もそれに従うべき人類普遍の原理と考えた、否、少なくともそう考えていると自ら信じた。またすでに明朝は滅亡の一歩手前まで来ているのに、それに影響されてこの考え方を変えることもなかった。だがこれを、当時の世界は狭く情報も限定されていたからと考えるのは誤りであり、彼のような発想をすれば戦後とて同じ傾向は出てくるのである。従ってこれは思想の問題であって、情報量の問題ではない。第一彼は、不干斎ハビヤンと論争しているのだから、中国思想だけが人類普遍の原理ではないことを知っていた。簡単に言えばこの場合、中国が消えようと、中国の内情がどうであろうと、それは関係ないのであり、関係ないがゆえに慕夏主義という一種の「主義」になっているのである。

だが慕夏主義を体制の正統性を保持するために使うのは、はじめから無理である。それは前述のように、まず体制が出来てしまって、それを何らかのあり合せの思想で正当化しようとする無理であり、この無理がまず出て来るのが、何らかの伝統的存在の位置づけなのである。たとえば新憲法に「そもそも国政は、国民の厳粛な信託によるものであつて、その権威は国民に由来し、その権力は国民の代表者がこれを行使し、その福利は国民がこれを享受する。これは人類普遍の原理であり、この憲法は、かかる原理に基くものである」と記されている。だがもしこの言葉と憲法の条項をホメイニ師に見せて、これが人類普遍の原理とそれに基づく憲法だと言っても、彼はそんなことは頭から認めないし、認めるはずもあるまい。彼はこれをまずイマムで構成される会議に付託して、イスラムの法典《シャリーア》に違反していないかどうかを調べさせるであろう。彼にとってはイスラムすなわち「神《アラー》に降伏すること」が人類普遍の原理であり、それは彼らの伝統と体制の基礎なのだから「権威は国民に由来する」ことなど、まして「日本国民」に由来することなど、はじめから認めないであろう。もっともアメリカ人に見せれば、この発想が彼らの建国の前提となった啓蒙主義にほぼ即していることは認めるであろうが、すぐに質問するであろう。「では一体、天皇の存在が、なぜ人類普遍の原理に基づくのか」と。

まことに妙な言い方だが、林道春もこの矛盾につき当らざるを得ない。徳川家は少なくとも形式的には、天皇により征夷大将軍に任じられており、それが彼の伝統的な位置である。だがそれは彼が武力によって覇権を獲得した結果であり、その自己の道程を正当化すれば、同じものが出現しても、その者も当然に正当化される。いわば三河岡崎の小城主が天下を取ってよい如く、浪人由比正雪もクーデターによって天下を取ってよく、取れば天皇から征夷大将軍に任じられて不思議ではない。となればすべての反乱は正当化される。だがこれでは「乱世そのもの」に正統性を付与することになり、秩序の思想にはなり得ない。とすれば、徳川幕府なるものが人類普遍の原理に基づくがゆえに正統性をもち、これへの反乱は正統性への叛逆であることを、どのようにしても証明しなければならないが、そうなると天皇の存在もまたこの原理に基づかねばならなくなって当然である。

こうなると、慕夏主義と慕天皇主義が一体化してくれればこの問題が片づくことは、だれの目にも明らかであり、ここから出る結論は「天皇は中国人であって日本人ではない」という戦前の人間が聞いたら驚いて絶句するような結論、「象徴」以上に徹底した結論なのである。だがこれもまた一つの尊皇思想であろう。といってもこれまた林家の独創ではなかった。慕夏主義の前に慕夏思想乃至はムードがあったように、「天皇中国人論」もまた存在したのである。道春によれば南北朝時代の僧中巌円月《ちゅうがんえんげつ》は、神武天皇は呉の太伯の子孫だという説をたてたがいれられず、その書を焼いてしまったという。従って証拠はないけれども彼の説はおそらく正しく、「その子孫筑紫に来る。想うに必ず時人もって神となさん。これ天孫日向高千穂の峰に降《くだ》るの言いか」と記している。

太伯（泰伯とも記す）については、『史記』の「世家」に次のような記述がある。「呉の太伯と太伯の弟仲雍《ちゅうよう》は、皆、周の太王の子にして、王季歴《きれき》の兄なり。季歴は賢にして、聖子昌《しょう》有り。太王、季歴を立てて以て昌に及ぼさんと欲す。是《ここ》に於て太伯・仲雍二人、乃《すなわ》ち荆《けい》（楚の古名）蛮《ばん》に犇《はし》り、身を文（いれずみ）にし髪を断ち、用うべからざるを示し、以て季歴を避く。季歴果して立つ。是《これ》を王季と為《な》す。而《しこう》して昌を文王と為《な》す。太伯の荊蛮に犇《はし》るや、自ら句呉《こうご》と号す。荊蛮これを義とし、従いてこれに帰するもの千余家、立てて呉の太伯と為す」。この太伯の子孫が神武天皇だというわけである。

　こういう発想がどこから出たか。一つには「文身断髪」は夷狄《いてき》の風俗であり、太伯は王位を譲って自ら夷狄になったこと。そして後述の「日本＝中国論の源流」で示すように、文王は聖人であり、その聖人の父の兄の子孫とは非常に名誉なことだという意識があったこと。さらにこの地方の文身断髪は、応劭《おうしょう》によれば水中に入ったときの傷害を避けるためであるというから、中国の古代日本に関する記述と符合する点があったこと。また「荊蛮これを義とし、従いてこれに帰する」は神武東征を象徴すると見たからであろう。

　さらに『史記』に次のように記されていることも、この説を決定づけたと思われる。「太史公曰く、孔子言わく、太伯は至徳と謂《い》うべし。三たび天下を以て譲る、民、得て焉《これ》を称する無し、と。余《われ》、春秋の古文を読み、乃ち中国の虞《ぐ》と荊蛮の句呉との兄弟なることを知れり……」と。日本も荊蛮同様に夷狄であったが、孔子が「至徳」といった呉の太伯の子孫が天皇であるがゆえに、中国とは兄弟の間柄であると言いたいためであろう。このように見ていくと、「天皇中国人説」を、天皇への侮辱と考える者が皆無で、むしろそれを名誉なことだと考えて不思議ではない。

そこで羅山は、長髄彦《ながすねひこ》はおそらく日本の古代の酋長であって、神武天皇が彼に代って立った、いわば中国人が天皇となって、万世にわたって君となっている、何という立派なことであろう、私はこれを太伯の至徳のゆえだと信じている、円月が再び生れて来ても、自分の説には何も反対しないであろう、として少しも不思議でないのである。またさらに「晋書に載す、日本はけだし夏后少康の裔《すえ》なり」とも言っている。いわばいずれにしてもこれらは「天皇は日本人でなく中国の伝統を体現している中国「至徳の人」の子孫であるがゆえに、その伝統に即応していれば、中国思想という普遍の原理に即応していることである」ということの証明であろう。もちろんこういう「証明」は、それが歴史的に根拠をもっているわけではなく、一種の「急造の便宜主義」であり、「擬似正統主義」というべきであろう。そしてこのような主義にとって、また彼のような立場にいる者にとってもっともいやな存在は、浪人と水土論者であったであろう。この点で彼が熊沢蕃山を「耶蘇」と言ったところで、それは不思議ではない。だが、水土論に入る前に、ここで少々、浪人なる者について考察してみたい。

幕藩体制の中では、すべての人間は何かに所属しており、何らかの「肩書き」があるはずであって、無所属人間は存在しないはずなのである。いわばすべての人間は幕藩体制という体制の中に組み込まれ、組み込まれているのが当然のはずであった。その点では完全な管理社会であり、管理社会は何も近代の産物ではない。そしてこの完全な管理的体制からはみ出してしまった失業者が浪人と渡世人である。もちろん浪人の大部分は何とか就職したいと思っており、就職できればそれで満足する者もあったが、異常な才能をもっている者は、逆に、浪人という無拘束状態を活用してその才能をのばし、それによって自活する者も出てきた。これらは失業者というよりむしろ「脱サラ的浪人」とでも言うべき存在であり、そういう人びともいて不思議ではない。幕府が恐れたのはその種の才能を持つ者がリーダーとなって反乱を起されることであり、同時に林家が恐れたのは、異能の脱サラ浪人が天下の名声を獲得して自己の権威がゆらぐことであった。さらに、その浪人が、「中国思想は何も人類普遍の原理ではなく、風土も伝統も違う日本では、その思想は何の正統性ももち得ない」ことを論証したら、自己の絶対性がゆらぐことになる。さらにその者が一歩進んで、「日本人と中国人」といった比較文化論的立場で双方を相対化したら、自己の権威の存在さえ危うくなるであろう。従ってその種の人間が出てくれば、それはすべて「耶蘇」であり、この点では、正雪も蕃山も「耶蘇」であって不思議ではなかった。

また面白いことに、この二人は、境遇・身分・識見が全く違っていながら、奇妙な共通点があった。いわば一浪人あるいは一陪臣であっても、その声望は時には天下を圧する如くで、有力諸侯の中には、身分を越えて友人のようにつき合う者がいたということである。もっとも正雪については正確な記録がないのでわからないが、いずれにせよ彼はまず書道の師匠として塾を開くことで世に出、その弟子を諸侯に就職させるとともに、後に楠不伝なる者の養子となり、楠流の軍学者としても名声を得た。ここで面白いのは徳川時代の初期における一種「病的」とも言えるような軍学の流行である。蕃山が評したように、当時の軍学者の中で実戦を行える者など皆無であっただろうが、「戦国の夢」から「おくれて来た青年」には、この軍学なるものの、頭脳内の遊戯的な戦争は、抵抗できない魅力であったのであろう。いわば『野性の証明』や『戦国自衛隊』などの物語版なのかも知れない。

この種の軍学の中のヒーローが、楠木正成であった。当時の彼は決して「尊皇思想の体現者」でなく、天下の兵を城下に集めて、縦横の奇策でこれを翻弄した軍学の天才だったのである。由比正雪が楠木正成の子孫と称し、その軍学の秘伝を継承していると称したのは、ジャーナリスト的な才能があったということであろう。そしてその行動は、空想の世界と現実の世界とが区別がつかなくなった一例かも知れない。しかし伝えられる彼の計画は、三島由紀夫氏ほど荒唐無稽ではなく、江戸、大坂、駿府の三つを一挙に押えようとするクーデター計画で、相当に計画性があったものと思われる。だがこれの失敗のため、以後大塩平八郎まで、この種の決起を行う者は絶無であったが、それは軍学熱がおとろえたことではなかった。そしてこの病的な軍学熱には、さすがの道春も「然《しか》れどもなお或はいまだ悟らざるの故に、其《その》徒すでに戮《りく》せられ、而《しか》もその根柢なお自若たるなり。它日《たじつ》禍胎《かたい》知るべからざるなり。……異学の害、軍法の弊、ここに浸淫す、まことにもって太息すべし」と嘆いている。

もちろん蕃山は彼らと同じではない。しかし道春にとっては同じであり、正雪事件の主役の一人丸橋忠弥が「己ら熊沢某の学を慕い、実は耶蘇たらず」と告白したと彼は記している。事実かどうか不明だが、事実ならばこれが逆に、耶蘇→正雪→忠弥→蕃山という形で、みな同一であることの証拠となるだけである。こうなると蕃山も一味にされてしまう。では一体蕃山とは何者で、何を行い、何を言ったのでこのように定義されているのであろうか。だがそれを記す前にまず擬似正統主義者林道春の蕃山評を記しておこう。「熊沢なるものは、備前羽林（池田光政）の小臣なり。妖術をもって聾盲を誣《し》う。聞く者迷うて悟らず、多く約結して、ようやく党与を為《な》すに至る。志を同じゅうせざる者は、唔語《ごご》するを肯《がえ》んぜず。たいてい耶蘇の変法なり。然《しか》れども利にはしり鄙吝《ひりん》なるものあり、羽林に媚《こ》び、しかして陰になして陽になさざる者、密にして言わず。風俗の頽《たい》敗《はい》、時勢の流汚、ここに至るか。この草賊ら、みな熊沢の妖言を聞く者なり」と。では次に、かくも嫌われた蕃山とその思想を短く記すことにしよう。

蕃山は浪人野尻一利の子で、母方祖父熊沢守久に養育されてその姓をつぎ寛永十一年（一六三四年）、十六歳のとき備前の池田光政に仕えた。はじめはやはり当時の軍学の流行に影響されて専ら兵書を読んでいたが、寛永十七年に偶然に『四書集注』を読んで感動し、武人をやめて儒者になろうとした。いわば二十二歳のとき一転機があったわけである。ただその前に二十歳のとき、すでに池田侯の許を辞して浪人していた。自由な彼は自ら師を求めて上京し、中江藤樹の名声を聞いてその講義を受けたが、彼自身は必ずしも藤樹の思想の影響を受けていない。だが「天地の間、己れ一人生きてありと知るべし」という生き方を学問の出発点とする基本的態度では、強い人格的影響を受けている。そして寛永十九年、彼は故郷の桐原に帰り、仕官を求めて江戸に出た父の留守を守り、母と妹を養いつつ文字通り刻苦の独学をつづけた。彼自らの記すところによれば、栄養失調で死に瀕する状態であったらしい。彼は自らが晩学であるという自覚があり、あらゆる労苦に耐えても勉強をつづけるつもりでいたが、その俊才はすでに多くの人が認めるところであり、正保二年（一六四五年）に再び光政に仕えることになった。側役《そばやく》、三百石、二十七歳のときである。就職のあてなき普通の浪人から見れば、まことに恵まれた境遇であったというべきである。

彼はまことに不思議な能力のあった人物であり、すぐさま池田光政の臣という位置とは無関係な位置に立ってしまった。慶安二年（一六四九年）、彼が光政に従って江戸に来ると、諸大名以下が争って彼の門に入ろうとしたという。「身分」という意識が明確であったこの時代に、他の大名の臣下の門下生になろうとした大名がいたということは、彼が一種、異常な能力をもった人物であったと見ないわけにはいかない。当然に光政も彼を重用して番頭《ばんがしら》とし、三千石を支給した。彼が三十二歳のときである。さらに慶安四年に江戸に出府したときは、将軍家光が彼を引見しようと言い出した。これは家光の死のために実現しなかったが、こういう状態は林道春にとってはまことに苦々しい状態であったろう。だが彼とて迂闊《うかつ》には手が出せない。彼に師の礼をとっているのが御三家のひとり紀州頼宣をはじめ老中松平信綱、所司代板倉重宗をはじめとする錚々《そうそう》たる大名たちであった。

またこの大名たちの傾倒ぶりも少々異常なほどで、彼が諸大名の宴席に招かれたとき、招いた主である「三公の職におわします」大名は、他の大名が帰るときには次の間までも送らないのに、蕃山が帰るときは「玄関まで送り給わり、下に居て礼し給えり」であったという。身分・階級がやかましい大名の間で、他の大名の臣下にこのような態度をとることは、一種異様な状態と言わねばならない。もっともこのことも、また彼の思想もいま見れば、幕府にとって必ずしも危険だったとは思えない。というのは蕃山は後述するように実務的知識人であり、必要があれば幕府が彼を招聘《しょうへい》して新井白石のように用いることもできたからである。だが、彼がその身分を越えて一種の「権威」となることは、林道春にとっては脅威であったろう。道春にしてみれば、そのような身分を越えた尊敬を受ける者があるとすれば、それは幕府の正統性を護持する自分以外にはなかったはずであったから……。

彼への嫉視《しっし》はもちろん道春だけではなかった。承応三年（一六五四年）、光政に従って江戸に来たときの帰途、京都でそのファンの一人である板倉重宗が再び江戸に行かない方が良いと忠告した。一種CIA的な職務も担当していたと思われる彼には、何らかの情報が入っていたものと思われる。さらに備前の池田藩の中にも、同じような状態が生じてきた。諸侯の傾倒が異常だっただけに、それへの反撥もまた異常であって不思議ではない。あらゆる方法で彼の足を引っぱろうとする人間が、その周囲に群れをなしていて当然であった。だが彼は、「月給にしがみついて」いないとすべてを失ってしまう人間ではない。この点、道春とは違う。こういう面倒な状態になると、さっさと隠退してしまった。時に三十九歳、結局彼が家臣として仕えたのは二十七歳から三十九歳までの十二年間にすぎず、以後三十四年間また浪人であった。

生涯の殆《ほとん》どが浪人でありながら、彼は、その一挙手一投足が、常に幕府に注目されている浪人であった。その後も多くの諸侯が彼を招聘しようとしたがうまく行かなかった。堀田正俊が「その身、名高かりしが不幸に候」と記しているが、浪人後に記されている道春の蕃山評もまたすさまじく、何とかして彼を叛徒にデッチあげて処刑してしまおうという意図がみられる。まことに擬似正統主義者の嫉妬とはすさまじきものだと思わざるを得ないが、同時に、普通の人から見れば当然と思われる水土論の、擬似正統主義にとっての危険性を、彼が、最も正確に見抜いていたともいえる。

儒教が盛んになれば天下は治まるであろうか、という質問に対して蕃山は次のように答えている。「道理は至極し侍《はべ》り、予もむかしはさ思いしが、近頃の日本の水土により、山沢、草木、人物の情と勢とを見れば、易簡《いかん》の善ならではあまねからず、長久ならざる道理あり。仏法は戎狄《じゅうてき》の異端ながらも、日本の水土時節に相応せる所有《ところあ》り、是故《このゆえ》に千余年に及《およ》びて、かく行わるるなり」と。これが水土論の中心であろう。彼の「水土」という言葉は戦後の「風土」という言葉とほぼ同じとみてよい。日本には日本の水土があり、その水土に適応した外来思想は残るが、適応しないものは消える。そして儒教は決して日本には適応していない。「今の儒学の様子にては、朱学も、王学も、治道の助とは、なり侍らじ。国君世主少し用い給わば少し害有《ある》べし。……大に用い給わば大に害あるべく、……日本の水土、今の時節には、かない侍らじ」と。

慕夏主義すなわち日本はまず韓国になりついで中国になるべきだという考え方からすれば、これはまさに異端邪説である。彼は中国思想を人類普遍の原理とは考えておらず、その原理に従っているがゆえに正統性をもっとも考えていない。「まだ中国化が足りない」どころか、朱学も王学も「少し用い給わば」少し害があり、「大に用い給わば」大いに害がある対象にすぎないのである。これを戦後民主主義にたとえれば、それを少し用いれば少し害があり、多く用いれば多く害があると言明したことになってしまう。擬似正統主義者がこれを放置しておけるはずはなく、彼は「耶蘇」と規定されて当然であった。ではそれならば、その擬似正統主義を人びとが本当に自らの思想と信じ、そのために殉ずることもあるのであろうか。これはちょうど、日本がどこかの国に占領され、「平和憲法を廃棄せよ」と迫られたら、それを拒否して殉教できるほど、真底からこれが人類普遍の原理に基づくと信じている日本人がいるであろうか、という質問に通ずる。答は「おそらくいない」であろう。天皇に殉じた日本人は確かに存在したが、「新憲法」に殉ずる日本人はいるわけがない。人は自らが信じていない対象のために殉教することはできないからである。

蕃山は、幕夏主義に基づく幕府の擬似正統性などだれも信じておらず、そんなものは対内的にも対外的にも少しも機能し得ないことを知っていた。その一例として出てくるのが、「無条件降伏必然論」であろう。これは「森嶋通夫＝一億無抵抗降伏論」とは違うが、それによって起った反撥と新聞の無視、憲法との関係に触れまいとする態度の底にあるものを、いわば「予言」として受け取った受取り方をそのまま表現していると言える。人は正統主義は守ろうとするが、いざというときに、擬似正統主義は守ろうとはしない。それは前述のように、幕府とか戦後政府とか、ある結果に基づいて出来てしまったものを後から正統化しようとしているだけで、その体制に思想が先行しているのではないからである。従って、何らかの結果また新しい状態を現出すれば、それが後からまた正統化されるという結果になって当然である。とすれば、その新しい事態の出現なってそうであった。

——たとえばソビエト軍の進駐——に人びとは抵抗せず、専ら自己の安全を計りつつ、正統化されるまでの期間を切り抜けようとするであろう。蕃山から見れば、それはそうなって当然であった。

彼の晩年に明朝は崩壊した。彼は、勢いに乗って北狄《ほくてき》(すなわち後の清朝)が日本に侵入することもあり得ると考えた。「北狄唐土を取りて、本邦に来りし事、度々《たびたび》なり。今已《すで》に唐土を取れり。よも来はせじと思うたのみは、武備にあらず。今北狄来りなば、彼と合戦までに及ばず、内虚《うち》にして、人心散ずる事あらん」と。なぜか。「今の諸侯一国の人数を出して、其兵粮《ひょうろう》あらん事は、二十侯に一二侯もまれなるべし」。しかも、敵が来たといった瞬間に人びとは一斉に米の買いだめに走るであろう、と。いわばパニックが起って、トイレットペーパー騒動ならぬ米買いだめ騒動が起る。そうなれば「一日過《すぎ》のもの」(その日暮しの者)はどうなるか。「其時は世間さわがしく、諸人うわ気になり、虚説のみ多ければ、無事の時の飢饉の如く、居ながら餓死する者は少なからむ」となれば掠奪が起り、秩序が崩壊し、戦うどころか、その前に崩壊してしまうであろうと。ましてそこに慕夏思想があれば、「解放軍歓迎」ということになって不思議ではあるまい。幸い清朝の侵略はなかったが、あれば彼の予言はそのままあたり、侵入した清朝は、これがかつて朝鮮に侵入して来た日本人かと驚いたであろう。同じ驚きを、ソビエト軍が示す機会が来るか来ないかは不明だが、蕃山のような発想をすれば、同じことが再現されて当然と考えるべきであろう。なぜであろうか。またそれならなぜ「天皇の軍隊」に特攻も玉砕もあり得たのであろうか。それは追い追い解いていくとして、蕃山へと進もう。

ではなぜ蕃山は、諸侯に異常なほどの人気があったのであろう。理由は、その水土論を基にする現実的政策の提言であった。封建制とは一種の競争世界である。もちろん戦国時代は激烈な競争社会であり、自己の領土の経営に失敗すれば、命もろともすべてを失って当然であった。その状態は徳川時代になって外面的には変ったとはいえ、藩主とは一藩の経営者であり、それに失敗すれば何らかの形の没落を招くこともまた否定できない。しかし彼らには、新しい状態に対応してどのように藩を経営すべきかの基本的な思想がなかった。そしてこれだけは、慕夏主義も、擬似正統主義も役に立たず、彼らが求めたのは経済学すなわち経世済民の実学だったのである。そして実学は、水土論的基礎すなわち日本の風土、文化、伝統という現実を基にして行わざるを得ない。そしてそれを行うには朱学も王学も、少し行えば少し害があり、大いに行えば大いに害があるという、発想の転換が要請された。この言葉は何らかの形で慕夏思想の影響をうけ、擬似正統主義を当然としていた者には、目から鱗《うろこ》が落ちた思いであったろう。

この点で蕃山は、諸侯に浪費を強要してその勢力を削《そ》ごうという幕府の方針には、真向から反対した。まず参勤交代などというばかばかしいことは最小限にすべきなのである。そしてその費用で浪人を最大限に雇用すれば、幕府が頭を痛めている浪人問題は解決する。と同時に、諸大名が江戸に持っている広大な邸宅などはすべて水田にして、生産を増加すべきなのである。同時に、武士は城下町に集まって社会の寄生階級となってはならず、それぞれの領地に帰ってこれを経営すべきなのである。彼は、戦国時代の終りとともに武士がすでに無用の存在となり、生産に寄与せざる純消費者となっていることを知っていた。いわば、兵農分離以前の状態を目標として、武士も帰農して生産に従事し、GNPの増大でできる限りパイを大きくしてその分配を考えよというのがその主張であった。

諸侯不勝手にて、武士困窮すれば、民に取《とる》ことつよくて、百姓も困窮す。士民困窮すれば、工商も困窮す。しかのみならず浪人余多《あまた》出来て、飢寒《きかん》に及びぬ。是天下の困窮也。天下困窮すれば、上の天命の冥加《みょうが》おとろえぬ。……然れば諸大名の困窮は上の御為あしき第一なり。然るを御為よしといえるは、覇術にしても、分別あさき事なり。

この考え方は幕府の政策と真向から対立する。さらに彼は武士を帰農させるため幕府と諸侯は一定の土地を買収すべきであるとして、参勤交代の費用をそれに転用することも提言している。そして彼のこの意見は単に経済上のことだけでなく、清朝の侵略に備えようという意図もあった。これらの思想がその実務能力と相まって、諸侯の中に多くの傾倒者を出したことは不思議ではないが、また終生、幕府の要注意人物であったこともまた当然であったろう。

だがしかし、蕃山は決して中国文化そのものを軽視したのではない。擬似正統主義に基づく朱学・王学の奇妙な採用は害があるとしただけで、中国文化が東アジアの中枢であることはもちろん認めていた。「唐土は四海の師国なり、四方の国より法を取て習わずという事なし。昔は官位、衣服、礼楽、悉《ことごと》く伝来りて用いられたり。南蛮、西戎、北狄は文字不レ通、本邦、朝鮮、琉球は文字通ず。故に昔より漢字を習い来《きたり》て、我邦の学とす」と。これはある意味では、日本の風土的特徴を踏まえつつも、同時に現代では、政治経済制度から学問・技術までことごとく欧米を「師国」として来た事実をそのまま事実として認めているという態度であって、それに敬意ははらっても、いわゆる慕夏主義ではない。

蕃山の考え方は、今から見てもまことに中庸を得た常識的な発想である。そして彼のような考え方は徳川時代にも一貫して底流としては、あった。それが藩の経営を通じて一種の合理主義へと進むが、正統主義的な安易さになれた者は、この種の相対的発想は心理的に満足できなかったであろう。またそれを満足させるためには、真の意味の日本の伝統の分析が必要になるが、これは安直には行い得ない。そして安直な道を選べば、思想はさらに三転、四転して、新しいイデオロギーの醸成へと進んでいくわけである。戦後の日本も同じ道を歩むかどうか、未来のことは不明だが、ひきつづき過去の歩みをたどることにしよう。

亡命中国人に発見された楠木正成

徳川時代の日本人に、さまざまな面でさまざまな影響を与えたのが明朝の滅亡であった。中国における王朝の交代はそれまでも日本に種々様々の影響を与えたとはいえ、このときほどその影響が決定的であったことはあるまい。というのは政治的にも思想的にも、この事件に対して日本人は無関心ではいられず、さらに『国性爺《こくせんや》合戦』という形で、一般民衆の関心までひき起したからである。

まず直接には、明朝による救援依頼である。これも一度や二度ではなく、約四十年間にわたって二十回近く行われている。年代的に言えば一六四五年から一六八六年まで、明の唐王の隆武元年から清の聖祖の康熙二十五年まで、日本で言えば家光の正保二年から家綱の時代を通り越して綱吉の貞享三年までつづいている。また戦乱は必ず難民と亡命者を生み出すが、当時の日本にも多くの亡命者が来たらしい。「らしい」というのはその細かな記録がなく総計がわからないということで、日本の各界で活躍して名が残っている人だけで約四十名になるから、相当に多かったのではないかと想像される。その中で代表的な人をあげれば、日本の尊皇思想に決定的な影響を与えた朱舜水《しゅしゅんすい》、黄檗宗《おうばく》の開祖となった僧隠元《いんげん》、また帰化して穎川入徳《えかわにゅうとく》と名を改めた名医陳明徳などであろう。この中の朱舜水については後述することとして、まず明の滅亡の政治的影響から記すことにしよう。

正保二年（一六四五年）に明の司令官崔芝の部下の林高というものが書簡を持って日本に来て、援軍と武器の援助を依頼して来た。だが幕府はこれを秘密にし、少々要領を得ない返書をもたして林高を帰国させた。このときの幕府の言い分は、井上筑後守への下知によれば、次のようになっている。

去年二十六日の御状到来候。しかれば林高持参の書簡、並びに林高の申し候の書きもの、披見せしめ候。大明兵乱につき、加勢並びに武具のこと申しこし候通り御老中へ申し候えば、日本と大明と勘合《かんごう》は百年に及びてこれなきによりて、日本人、唐への出入これなく候。唐船年来長崎へ売買に参り候といえども、密々にて渡り候よしに候あいだ、このたび林高参り候て訴訟申し候とも、率爾《そつじ》に言上申すことにてこれなき旨に候条、右の通り申し聞かせ、早々林高帰国候ように、申し渡さるべく候。恐々謹言。

簡単に言えば、両国にはすでに百年間も国交はなく、中国船が長崎に来てもそれは密貿易にすぎない。従って当方は無関係だから早く帰国させてしまえということであろう。幕府のこの言い方は甚だ冷たいが、それには理由が二つあったと思われる。一つは秀吉の朝鮮出兵への苦い記憶である。これは戦後における太平洋戦争の記憶のように徳川時代を支配していたから、はじめから拒否反応を示したということであろう。もっとも、日本は「アジアの一国」だが「アジアの大陸国家の一国」ではないから、大陸の政争には一切タッチしないという方針なら賢明というべきかも知れぬ。

もう一つは、家康のときに日本の方から修交を求めたのに知らんぷりをしておいて、困ったからといって急に援助をたのみ込むとは少々図々しすぎるといった感情であろう。事実家康はあらゆる方法で「日中平和条約」の締結を望み、時には朝鮮を通じ、時には福建の商人周性如に書を託するなどあらゆる方法をとったが成功しなかった。家康の真意は貿易であったろう。周性如に与えた書はもちろん家康直接でなく本多正純に代行させているが、家康の意志であったことを林春斎が次のように記している。「勘合復古のこと、台旨（家康の意志）に出《い》ず、正純の書といえども、その実は教書なり。福建道に遣わすといえども、その実は大明天子に啓するなり。故に書尾御印を押し、書成りて、周性如に付してこれを投ず」、しかし効果なく「彼国狐疑猶予して、答書なし」、しかしそれでいながら「勘合成らざるも、ついに南京、福建の商船、毎歳長崎に渡る者、これより逐年多々なり」となっている。

以上の二つの文章はともに林春斎の記したもので、これを並べて読むと、先方の大国的意識――国交を申し入れても返書もよこさず、そのくせこちらが書を送れば平然と長崎に来て無許可貿易を行い、自分の方が困れば国交もない国に援助を求めてくる、といった――の手前勝手さへの不快感がにじみ出てくる。だが真相はおそらく、当時の明朝政府はそれどころではなかったのであろう。

中国人は根気強い。一度や二度ことわられたからといって諦めることはしない。次々に使者が来たが、その中で日本に大きな影響を与えたのは鄭芝竜《ていしりゅう》であろう。彼は福建省泉州の生れで十八歳のとき日本に来て平戸に住み、平戸老一官と称し、日本と中国との間を往来して貿易といっても海賊的な仕事をしていた人物らしい。だがなかなか政治力があり、中国との国交回復を望んでいる家康に会い、書籍や薬を献上し、中国事情について話をしている。彼は台湾を根拠地とし、落ち目の明の側につき、たちまちその高官になって日本に援助を求めて来た。清軍は陸戦には強いであろうが海を知らない。そこで台湾を根拠地とし制海権を確保し、対岸の福建省の生地泉州までを自己の領土のようにしてしまった。「芝竜幼にして海に習い、海情を知る。およそ海盗はみな故盟あるいは門下に出《い》ず。自ら撫に就いて（明の臣下になって）後は、海船、鄭氏の令旗を得ざれば、往来するを得ず。一船ごとにつねに三千金を入る。歳に千万を以て計る。これをもってその富はすなわち国に敵す」であって、明の武将といっても内実は自前の私兵団をもった一軍閥であった。彼は平戸で日本女性と結婚し、成功と七左衛門という二人の息子がいた。この成功が、鎖国時代に海外活躍のあらゆるロマンを仮託された「国姓爺」である。

この芝竜が黄徴明という使者を日本に送って援助をたのんだ。もっとも彼に、本当に明朝復興の意志があったかどうかは相当に疑わしい。おそらく台湾付近の海上権を日本と連携して確保したいというのがその真意であったろう。道春（林羅山）によれば、その書簡はなかなかうまい。彼は中国と日本とは相通ずる仲で、韃靼《だったん》は常に両国共通の敵だから、共にあたろうというわけで、いわば「日中共同の敵」論である。「大元より世をとりて、日本を四五たび攻めたることあれば、韃靼は日本の仇なり……されども日本大明は友邦なれば、大明に従うべきことなり、いま援兵をかされよ」と記し、日本人の元寇《げんこう》への恐怖を巧みについている。前に記したように蕃山も清が攻めて来る可能性を考えていたのだから、この書簡はある程度は当時の日本人を動かしたであろう。紀州の頼《より》宣《のぶ》が自ら救援に向おうと提案したのはこのときだと言われる。もっともその趣旨には浪人対策的な面が見えないでもない。

ただこの間のことを記した『紀侯言行録』を読むと、当時の日本人は相当に正確に中国のことを知っていたように思われる。次に所々を引用しつつその大要を記してみよう。

「正保元年（一六四四年）、大明の思《（毅）》宗皇帝の崇禎十七年に当る。前より大明の朝政衰え、諸国乱れ、陝西《せんせい》の李自成、張憲忠、また河南の李岩など前々より謀反し、西安府を攻破り、それより北京皇城へ攻入しかば防戦かなわず、天子思宗皇帝も三月十九日楼仙という所にて自縊て（首をくくって）崩御なり、大明国大いに乱れしかば、南京の守護史可法は御一家福王を取奉り、南京へ入奉り、天子と仰ぎ、遼東の呉三桂は韃靼国へ行き十万の加勢を請い、山海関より攻め入る。四月二十九日北京を取復す」。いわば反乱鎮定のため満州軍を導入したわけである。だがこの満州軍が逆に全中国の併呑《へいどん》にかかった。

「……李自成は打負けて陝西へ落ち行くを呉三桂追討に討行。そのあとにて韃靼の加勢逆心し、北京の都を攻め取りて大清の世と改め、韃靼の数万南京へ攻め入り、福王を生け捕り、史可法は討死、大明いよいよ乱れければ福建の鄭芝竜は天子の御一門唐王を天子に取りたてまつり、韃靼と合戦勝負あり。されども大敵ゆえ、鄭芝竜が下司の崔芝というものの計にて、商人の林高というものを使いにて長崎まで差し越し、日本の加勢を乞い候えども、大猷院（家光）様虚実を御疑いなされて御許しなし」というわけで、この間の歴史的記述はほぼ正確である。翌年の正保二年に、鄭芝竜は書簡を日本に送り、唐王の勅使の黄徴明というものが貢物をもって出発し、さらに日本の援助を要請した。

こうなると正式の要請であり、正式に態度を表明しなければならない。清軍はすでに北京と南京を押えたとはいえ、少なくともまだ、清朝が安定政権になるか明朝の反攻が成功するかは、日本では明確でないからである。そこで幕府は、御三家、老中、有力大名と協議することになった。その結果——。「御無用と申す族《やから》もあり、また異国より日本へ加勢を乞うこと本朝の面目なれば、御加勢もっともというもあり。御三人へ御相談のとき、頼宣君の仰せられ候は、中華より加勢を乞うこと本朝の御威勢四海の光輝なれば、諸浪人を集められ候わば数十万これあるべく候や、それに西国中国の大名小名もさし加えて然るべく候、さて公方《くぼう》御身寄にては、西方にはわれら一人にて御座候間、惣大将に仰せつけられ候わば、大慶これにすぐるものなしと存じ奉り候、大軍を引率し、大明へ攻め入り、日本の手並を見せ申すべく候と御老中まで御願望のこと仰せらる。……然れども御加勢の事止候也」と記されている。

結局、明には援助をせず、大陸の政争には一切タッチしないと決定したわけで、この決定自体は正しかったというべきである。ただここで生じた問題の一つに幕府の正統性という問題がある。というのは中国はもちろん朝幕並存という政体ではなく、主権者は皇帝一人である。その基準で日本に援軍を依頼するとなればその宛名は当然に日本国皇帝のはず、そうなるとこの日本国皇帝がだれを指すかという問題が出てくる。ところが鄭芝竜の文書の宛名は「正京皇帝、上将軍、長崎王」となっており、贈物は上将軍が最も多く、つぎが正京皇帝、その次が長崎王であった。

なぜであろうか。ここで少々わからなくなるのが、鄭芝竜がこれらの宛名で日本のだれを指していたのかという点である。何しろ彼は日本に住み、日本女性と結婚し、家康にも会っているのだから、日本の実質的な主権者が「征夷大将軍」と呼ばれる人間であることぐらいは知っていたであろう。とすると、贈物が最も多い「上将軍」が将軍のことで、正京皇帝とは京都にいる天皇のこと、長崎王は長崎奉行ということなのであろうか。それとも将軍は日本的呼称でこれが実質的には皇帝であるからとして、将軍を「正京皇帝」、閣老を「上将軍」としたのであろうか？ これは鄭芝竜に会ってきいてみないとわからない問題だが、正統性をもつ主権者がだれか不明であるというこの問題は、徳川時代の外交交渉に必ず出てくる問題で、幕末にはこれが大問題になるわけだが、その第一回がまさにこのときなのである。

こうなると、この書簡が果してだれにあてたものかわからなくなってしまう。考えてみれば、外国から国書が来てもその宛名がだれかわからなくなってしまうとは、まことに不思議な政府であり、世界史に類例がないかも知れぬ。当時、外交文書を読んで解説するのは林道春の仕事である。だがこの道春にも、それぞれの宛名がだれを指すかわからない。従って、当然のことだが閣老にもわからず、種々の議論が出てきた。そこで道春は長崎に使いを出して、この点をただすことにして、次のような質問にまとめた。いま読むと少々こっけいに感ずる質問である。次にその一部を引用しよう。

一、正京皇帝は、日本に於てだれを指すか。上将軍はまただれを指すか。長崎王もまたなんぴとを指すか。王号奇佐《きっかい》のことなり。

一、皇帝と将軍と長崎王とへの礼物多少不審。

一、上将軍への進物の内に玉帯あり、蟒衣《もうい》あり、蟒衣は竜紋をおりたる衣裳也。この玉帯蟒衣は、大明にて天子の服乎《か》、いずれの官位の服乎。わが朝へ何ぞみだりに衣服を呈するや。

第一条、第二条は前述したが、この第三条も少々問題であったろう。というのは、この服が天子の服なら、鄭芝竜は将軍を日本国皇帝と見なしていたことになるが、そうなると正京皇帝の上の皇帝になってしまう。だがもし上将軍を閣老のことと考えるなら、中国通の道春が一見「天子の服か」と感ずる服を、将軍を無視して贈るのは少々おかしい。となれば「いずれの官位の服か」彼が大いに気にして、何で衣服なぞを送って来たのだと言いたくなるのも無理はない。

では、鄭芝竜はなぜこのような書簡を提出し、このような形の贈物をそえたのであろうか。これは前述のように彼にきいてみないとわからない問題だが、この日本通の中国人が日本の政体を見れば、このような贈り方をする以外に方法がない政体であったと見るのが、もっとも自然な見方であろう。いわば天皇は儀礼の対象にすぎないから正京皇帝には儀礼的贈物、将軍は実質的に皇帝だから最も多くの贈物と天子の服のように見える服とするのが最も実態に則しているとすれば、道春はこの贈物をさかんに奇怪がっているが、奇怪なのは芝竜の方でなく、幕府そのものの方なのである。そして、今では少々こっけいに思えるこの事件のこっけいさとは、擬似正統主義のもつこっけいさである。従って使いを長崎に出し、使者の黄徴明とこの点について議論をしたら面白かったのだが、この使者が出る前に明軍大敗の報が長崎からとどき、そこで使者は出発せずともよいということになった。福建陥落、難民続出の様子、昔も今も変らぬその状態が記されている。次に引用しよう。

正保三年十月十七日、長崎より十月四日の書状到来、その趣きは八月下旬、韃靼人閩中《びんちゅう》へ攻めかけ、山賀関を攻め破る。大明人、戦い及ばずして迎え降《くだ》る。韃靼人延平に攻め入る。唐王、江西の甘中に出でて奔《はし》り、その后は自殺す。あるいは曰く、韃靼のため捕われたりと。八月二十八日、鄭芝竜福州を避けて、舟に乗りて福州より三軍さがり、海上にあり、王孫文武官、ならびに芝竜が妻子、みな舟に乗り泉州に奔る。陸路に一揆起って濫妨《らんぼう》するゆえ、福州の落人《おちうど》、みな舟に乗りて逃げ去り、官人は申すに及ばず、富民までもみな福州を逃れ出《い》ず。貧乏ばかり福州に残り留る。韃人いまだ福州に入らず。延平より九月二日三使をもって芝竜方へ遣し、髪をそり降参せば、福建、広東、江西三省を芝竜にあたえ王となすべし云々。芝竜返事に、髪をそらず、われのままにてそのままおき三省を領せしめば降人となりて納貢すべしと云々……。

この報を得たので幕府は使者をとどめ、通訳の山崎権八郎に「福州既に敗れぬる上は、加勢の沙汰に及ばずと徴明と申す使者に申しわたし、進物は受納に及ばず、帰国を令すべしと仰せ出《い》ださる」という結果になった。幕府としては、面倒な問題が消えてほっとしたというのが本音であろう。

大陸と接すれば否応《いやおう》なく幕府の正統性という問題につきあたる。だが、接しまいとしても先方は東アジアの権威として厳存するし、援兵を乞う使者や亡命者が次々と日本に来る。満州王朝の清に従うことを拒否し、漢民族の王朝を復興しようとする者は、主として舟山列島を根拠地とし、一方、鄭芝竜の子成功は父が降伏したにもかかわらず台湾に拠って抵抗していた。そして、この二つの島から当時の日本人に決定的な影響を与えた二人の人物が出てきた。一人はいまのべた鄭成功で『国性爺合戦』が民衆に与えた影響は非常に大きく、彼の母が日本人であったことが、強い親近感を抱かせたのであろう。だが知識人に与えた影響となると舟山列島を根拠地とした朱舜水が決定的である。だが彼については後述することとして、芝竜降伏後の成功の日本への働きかけを短く記すことにしよう。

父が降伏し母が自殺したとき彼は年わずか二十三歳であった。その後の彼がどのように戦い、どのようにして台湾を占領してこれを根拠地としたかは多くの史書に記されているから省略し、ここで紹介したいのは慶安二年（一六四九年）彼が幕府に送った援助依頼の手紙である。原文はないが林春斎の次のような訳文が残っている。

古《いにし》えより優れたる大将の、大なる志あるものは、みな人の力を仮《か》りて本意を遂《と》るなり。況《いわ》んや艱難《かんなん》の時にあたりて、天下の為に、大なる忠節をなさんとするものは、一《ひと》入《しお》力を竭《つく》すべし。大明興りて三百年、以来久しく太平にして、人軍《いくさ》の道を知らず。然るに韃靼強く起りて、南京、北京を破り、都廻《みやこまわり》へ乱れ入る。大明の国々畜類の国となる。某《それがし》大明の恩を深く思う故に、一たび恥を雪《そそ》ぎ、仇を報いんと思い、浙江《せっこう》、閩江《びんこう》の間に経めぐるに、同心する者多し。されども、独り身にて志を遂げ難く、嘆きて年月を過ぐ。某《それがし》日本にて生れたれば、もっとも日本を慕う志深し。いま艱難の時分なれば、憚《はばか》りながら日本より、われを落人《おちうど》の如く、兄弟の如く、思召《おぼしめ》して、恵の心あらんことを希《こいねが》う。某《それがし》生れ出《い》ずる国なれば、懇《ねんごろ》の志を起し給いて、数万の人数を仮《か》し、大明に渡し給わば、大きなる誉れ、末代に残り伝らん。昔より歴々の人、あるいは他人の力を仮《か》り、あるいは異国の加勢をもって、本意を遂ぐる例多きにより、志を述べて、返り事を待つものなり。

幕府はこれに対しても、もちろん返事をしなかった。しかし問題はこの文章の中の「大明の国々畜類の国となる」という定義である。彼のみならず、清朝への抵抗運動をつづける者も亡命者も、この「韃靼の国」を「畜類の国」と見なしても、真の「中国」とは見なさなかった。もっとも清朝の最盛期ともなると、この考え方は日本人の間では一応影をひそめるが、当時の中国人には「清を中国と認めず」という強い感情があり、これがそのまま日本に伝染しても不思議ではなかった。日本にとっての権威であり、林道春が幕府の正統性の基準を求めた国は、地上から消えてしまった。となると、正統性は「清である中国」でなく、むしろ「伝統文化としての抽象化された中国」に求めるという形になり、その結果、抽象化された中国が、現実に存在する清国としての中国から乖離《かいり》するという現象が起ってくる。そうなれば「抽象化された中国」通りの国があれば、それが中国だということになり、「畜類の国よりも日本の方が中国である」という発想が出てきても不思議ではない。それが「中朝論」であり、こうなると「中国」という概念が一種のイデオロギーになり得るのだが、それについては後述するとして、もう一人の人物、朱舜水について記そう。

彼もまた援兵を借りて明朝を復興しようとした人であって、単なる亡命者ではない。浙江の生れ、その姓「朱」は明帝と同姓で何らかの関係があったらしく、いわば明朝の上流階級で知識人の一人であった。もっとも抵抗運動の指揮者や亡命者の多くは、この時代には一般民衆ではない。彼はまず舟山列島に逃れ、ここを根拠地とし、正保二年（一六四五年）日本に来たが、ついで北ベトナムに行き、また舟山列島に帰った。慶安二年（一六四九年）南ベトナムに渡ろうとして逆風に会い、また日本に来た。このときは日本から援兵を借りようとしたが成功せず、また舟山列島へ帰った。そして承応二年（一六五三年）また日本に来て、十二月に南ベトナムに行き、ここでは非常に迫害を受けて苦労したといわれる。以下は省略するが、このように祖国回復のため中国、日本、ベトナム等の間を東奔西走すること実に十五年、日本には六回来て、六回目にやっと日本に定住する決心をしたのである。この間に舟山列島も韃靼に征服され、彼の同志はことごとく死んでいた。

五度目の来日のとき舜水は長崎で穎川入徳《えかわ》すなわち日本に帰化した前述の名医陳明徳に会い、その紹介で安東省菴《せいあん》を知り、二人はたちまち親友のようになった。そして六度目の来日のとき、省菴は舜水に師事するとともに、百方手をつくして舜水の定住許可を得ようと奔走し、ついに長崎奉行の認可を得、またその禄の半分を舜水に送って生活を保証した。だが、そのようにいわば彼に惚れ込んだのは省菴だけではない。加賀の重臣奥村庸礼《ようれい》も舜水の弟子となったが、心の底からその学徳に敬服し、舜水の食事はすべて自分で捧《ささ》げて彼に給し、他人に手をつけさせなかったという。だが、彼に敬服し彼を唯一の師だと言った大物は水戸光圀《みつくに》であろう。

これについては後述するとして、なぜ当時の人間がこのように朱舜水に傾倒したのか、その点を少し検討してみよう。人びとはおそらく彼の中に、自分たちにはない真の正統主義者を見たのである。従って戦国の武士、たとえば織田信長なら、彼の価値は全く認めなかったであろう。また豊臣秀吉にも彼の考え方・生き方は理解できなかったであろう。確かに、節に殉ずるといった行為が日本になかったわけではない。しかし清朝がすでに中国を平定してしまったのは、徳川氏が日本を平定してしまったのと同じような既定の事実である。日本ならそうなれば、たとえば太閤恩顧の大名もことごとくこれに従い、大坂の陣でもだれ一人豊臣方につこうとはしない。だが舜水は、それを絶対に認めず、異国で苦しい亡命生活をしても頑としてそれに対抗しているのである。それでいて彼はすでに明朝が回復不可能なことは知っていた。しかし彼にとっては、おそらく彼自身が中国の体現者であり、中国とは自分および自分の生き方であっても清朝ではなかった。従って、本土の中国人の全員が清朝に服従しようと、彼はそれを中国とは認めなかった。そしてこの人が光圀に会ったということは、日本の将来にとってある意味では運命的な出会いであったともいえる。

寛文四年（一六六四年）光圀は家臣を長崎に派遣して適当な中国人を招聘しようと物色させた。これは当時必ずしも珍しいことでなく、光圀が舜水のことを知って、特に彼を招聘しようとしたわけではない。そして偶然に舜水を知り、相会った瞬間、光圀もまた彼に惚れ込み、舜水もまた強い親愛の情を光圀に抱いた。時に舜水六十六、光圀は三十八、以後十七年間、すなわち光圀五十五、舜水八十三でこの世を去るまで、二人の関係は変らなかった。光圀が殆ど彼一人を師としたことは『玄桐筆記』の次の言葉で明らかであろう。

「舜水先生こそ、御師範と仰ぎ玉い、門弟と自称し玉いし也。舜水没後には、世に学者ありとも覚え玉わずと、仰《おおせ》られし」と。

舜水は光圀を通じてさまざまな影響を与えただけでなく、当時の学界に直接的な影響も与えたが、日本の民衆一般への絶対的影響は楠木正成の再発見であり、彼を文天祥と同列に置いたことである。前にも記したが、楠木正成は徳川時代の、戦国時代から「後れて来た青年」の間に、病的なほど流行した軍学の英雄であっても、朱子学的な正統主義者、いわば朱舜水のように「天子ことごとく賊軍に慴伏《しょうふく》しても」ただ一人、正統主義を保持し通した人物と見られていたわけではなかった。それよりもむしろ、由比正雪が、自らがその子孫であると称するにふさわしい人物のように見られていたわけである。

もっとも、徳川幕府の擬似正統主義の採用は皮肉なことに「正統性」という意識を人びとに植えつけたから、そのような見方で楠木正成を見た人がいなかったわけではなく、その一人に貝原益軒がおり、自ら石碑を建てようとしたことが記録に残っている。だがこれが非常に強く出て広く浸透してきたのは、朱舜水の時である。人びとは舜水の中に楠木正成の面影を見、同時に舜水のような人間が日本にもいたことに、一種の満足感をおぼえたのであろう。また舜水自身、正成・正行《まさつら》を宋末の志士のように見ていた。彼は正行について賛を書き、その中で「人生自古誰無死。留取丹心照汗青」（人生古えより誰か死無からん。丹心に留取して汗青を照らす）という文天祥の「零丁洋を過ぐるの詩」を引用している。もちろん舜水自身、蒙古人の元にあくまでも抵抗して死んでもこれに屈服しなかった文天祥に自らを擬していたであろう。その人が正行にこの詩を捧げるのはまさに、彼もその一人だということである。

従って、正成について何かを書く最もふさわしい人間は舜水だと当時の人びとが考えて不思議でなく、また彼自身もそう思っていて当然であったろう。まず最初に舜水にこれを依頼したのが加賀の前田綱紀である。寛文五年（一六六五年）舜水が水戸に来たとき、綱紀はその臣の五十川剛伯らを水戸に派遣して学ばせ、ついで楠公父子訣別図の画賛を依頼した。同十年にその賛ができたので狩野探幽に絵を描かせ、舜水に賛を書かせた。これが戦前に広く流布していた俗にいう「楠公父子湊川《みなとがわ》の別れ」の原画だが、不思議なことにその上に書かれている賛が中国人朱舜水の作だということを知る人は殆どいなかった。楠公を発見し、これに賛を書いたのが中国人だなどということは、戦前の日本人にあり得ざることだったのであろう。これは「天皇中国人説」があったという事実さえ消されたのとよく似ている。

この賛が、光圀が湊川に建てた碑の背面に彫られている。それは実にこの画賛が書かれてから二十二年後のこと、元禄五年（一六九二年）八月のことである。この計画は大分前からあったらしいが、光圀はすでに隠居であり、さまざまな配慮もあってのびのびになっていたのを、ついに建てることにしたわけである。これの監督をしたのが佐々《さっさ》助三郎宗淳《そうじゅん》で、これが講談のいわゆる「助さん」であろう。楠公建碑は、講談にも少年雑誌にも副読本にも歴史教科書にも出てきて、私たちの世代の人間は否応なくそれを覚え込まされたが、その表面の「嗚呼忠臣楠子之墓」が光圀の自筆であることは語られても、裏面の文章は朱舜水であることはこれまた全く語られなかった。と同時に、そのすべては戦後に消されてしまった。

日本の「歴史」とは常に、まことに奇妙なものである。だが朱舜水の賛はこれだけではない。館林城主秋元喬朝も狩野益信の楠公出陣図に舜水の賛を求めた。そしてこのころには、楠公は一つの流行となったらしく、木下順庵、伊藤仁斎、山崎闇斎《あんさい》、浅見絅斎《けいさい》等々が記している。

幕府が体制の御用哲学として採用した朱子学の正統主義が奇妙な結果をもたらすことになった。というのは幕府の正統性を証明しようとしたところ、何が正統かの論議を起す結果になったからである。言いかえれば、天下を平定して現実に支配している者が必ずしも正統性をもつわけではなく、そのものは、その資格がないのに不当に権力を行使しているのかもしれないのである。こうなると朱子学は一種の両刃の剣で、体制の哲学にもなり得れば革命の哲学にもなり得る。

さらに、中国とは「現に中国を支配しているもの」でなく、「中国的な正統性をもつもの」であるとなれば、現に日本を支配していなくても、正統性をもつものがいれば、それが日本だということになるであろう。いわば舜水が中国で、現実の「清の中国」が「畜類の国」であるように、天皇だけが日本で、幕府以下はことごとく日本国でなく「賊国」であっても不思議でないことになる。さらにこの二つから考えて行けば、林道春のように天皇を中国人にしてしまう必要はなく、日本の方が中国より中国だという発想もできる。光圀はもちろんこのような道春説には反対であった。『弘道館記述義』には次のような挿話が記されている。「公（光圀）かつて尾紀二公と幕府にあり、たまたま一史を選びて刊行を請う者あり。公繙閲《はんえつ》して呉太伯《ごたいはく》を以て神州の始祖となすに至り、大いに駭《おどろ》きて曰く、この説は異邦付会の妄に出でて、わが正史に無き所なり、昔、後醍醐帝の時に、一妖僧ありてこの説を唱《とな》う。詔してその書を焚《や》かしむ。方今文明の世あにこの怪事あらしむべけんや、よろしく命じて速かにこれを削るべしと。二公その議に左《さ》袒《たん》してついに刊行を停む」と。皮肉なことに道春の擬似正統主義の論拠を否定したのは朱舜水の弟子の光圀であった。

そしてこの考え方が奇妙な形で相互に作用し合うと中朝論が出てくるのである。

日本＝中国論の源流

今まで記してきたように、「出来てしまった」政府は、何らかの正統性を要請される。その正統性は「人類普遍の原理」と考えられたものに基づかねばならない。そうなると、その「人類普遍の原理」通りに出来ている国が一種の理想国とされねばならず、あくまでもそれを慕いそれに近づくという努力が要請される。戦後の慕米思想も慕ソ思想もその一例だが、この時代はそれが中国であったから慕夏主義を生み、天皇中国人説を生んだ。いわば天皇は当時の人類普遍の原理の体現者となり、「慕中国人主義」はこれで「慕天皇主義」となり、その天皇により宣下《せんげ》された将軍が朱子学に基づいて統治するがゆえに幕府は正統性をもつという擬似正統主義になっていく。これは幕府にとってまことに有難いことだから、朱子学は官学であり、これに反する異学は排除されねばならぬ。ましてて、水土論などという比較文化論的な自己規定は有害で、こういう人間は何らかのレッテルをはって沈黙させせねばならないことになる。

そのときに中国は消え、これが韃靼の国、鄭成功のいわゆる「畜類の国」になった。この状態は簡単にいえば、戦後専らアメリカを模範としていたところが、そのアメリカが消えたか、アメリカというイメージが消えてしまうような変化が先方に起ったような現象である。また社会主義に正統性を見出し、それらの国を祖国と考えていたところが、それが変質したか現実が見えてきたかで、到底、自己の正統性を仮託できない対象になってしまったような状態ともいえる。こういう場合、幻滅を感じてそれへの正統性の仮託をやめるという現象を生じて不思議ではないが、その際、社会主義そのものを放棄する人間と、「彼らは真の社会主義者ではない。自分たちこそ真の社会主義者だ」という者が出てきて不思議ではない。さらに、朱舜水《しゆしゆんすい》のような人間が現われて、中国は自分が体現しており、清朝は中国とは見なさないという状態を現に見、「中国」という言葉がいまの「社会主義の祖国ソビエトから遊離した社会主義」のように抽象化されたら、それを体現していればその者こそ中国人で、現に中国に住む者は中国人ではないという発想が出てきても不思議ではない。さらにその目で日本人の歴史を再構成したら、日本は昔から朱舜水のような人間が住んでいた国だから、日本こそ「真の中国」であるという発想も出てくる。だが次にその基準で日本の現状を見れば、朝幕並存という非中国的な体制だから、これを変革して「真の中国」にかえるべきだという発想が出てきそうなものだが、面白いことにはじめはそうならず、むしろ、現状のままで、真の中国なのだという発想になる。この背後にあるものは中国への裏返しの劣等感であり、それが明朝の滅亡により強く出てきたと見るべきであろう。

この「日本こそ真の中国」論ともいうべきものは、山鹿素行《やまがそこう》の『中朝事実』にはじまると言ってよい。日本に目を向けたという点では蕃山と素行は同じだが、両者の発想は全く違う。蕃山にとっては、「水土」が違う日本と中国は別ものであり、先方の規範は決して日本の規範にはならないとはいえ、それはアジアの中心文化として敬意を払いかつ参考にすべきものであった。しかし素行では「日本＝中国」で、かつて中国が絶対化されたように、今度は日本が絶対化される。だがそれは何が何でも日本はすべてに於て「絶対正しい」という発想だから、今の体制もそのまま正しくなってしまう。そうなると朝幕並存こそ「真の中国」のあり方になってしまうから、極端な体制派になる。素行が一見尊皇思想家のように見えながら、幕府からそのために迫害されなかった理由はここにあったであろう。この点もちょうど蕃山と逆である。そして戦時中の超国家主義の祖はだれかといえば、おそらくこの山鹿素行で、その基本が『中朝事実』であり、彼がここに記している中国とは日本のことなのである。

愚（私）、中華（＝日本）文明の土《くに》に生れて、未だ其の美を知らず、専ら外朝の経典を嗜《たしな》み、嘐々《こうこう》其人物を慕う。何ぞ其れ放心なる乎《か》、何ぞ其れ喪志なるか。抑《そもそ》も妙奇なるか。将《は》た尚異なるか。夫《そ》れ中国（＝日本）の水土、万邦に卓爾《たくじ》し、而して人物は八紘《はっこう》に精秀す。故に神明の洋々、聖治の緜々《めんめん》、煥乎《かんこ》たる文物、赫乎《かくこ》たる武徳、以て天壌と比すべきなり。

これはその序文の一節だが大体すべてこの調子である。何しろ中国＝日本でそれ自体が善であり権威なのだから万世一系の皇統云々という言葉は出てきても、後代の尊皇思想家のようにそれを基にして武家政治を問題にしているのではなく、幕府もまた立派なのである。この点、後代の尊皇思想家が「武家政治」そのものを悪として糾弾したことが、本人がそれと意識することなく、日本の近代化に大きな影響を持ち得たような作用はない。だがここで素行が「外朝＝中国」のあらゆる書を読み、その人物を慕ったという記述は後述するように誇張ではない。

帝《みかど》（神武天皇）皇極を人皇の始めに建て、規模を万世の上に定め、而して中国（＝日本）をして明らかに三綱（君臣・父子・夫婦の倫理）の遺《わす》るべからざるを知らしむ。故に皇統一たび立ちて、億万世之を襲《つ》ぎて変らず。天下皆正朔《せいさく》を受けて、其時を弐《じ》にせず。万国王命を稟《う》けて、其俗を異にせず。三綱終《つい》に沈淪《ちんりん》せず、徳化塗炭に陥らず。異域の外国、豈企《あにくわだ》て望む可《べ》けんや。

素行が記しているのはもちろん歴史でも地誌でもない。従って以上の記述を日本の歴史に照らして「おかしい」と言ったところで意味はない。その趣旨は結局、中国がいかに劣り日本がいかにすばらしいかを、先方の欠陥をあげ、根拠なく美化した日本と対比して証明しようとしているにすぎない。この行き方はもちろん戦後にもある。そして彼はそれを基にして「往古の神化、人皇の聖治、神勅の明教、歴世の法令、知仁の行、威武の厳、何事も外朝に乏し。故に彼と相対し、自ら皇帝と称し、修好善隣、更に之を恥じざる所以《ゆえん》なり」とし、天皇は中国皇帝、外国はみなその属国であって当然なのである。「海外の諸蕃、皆中国（＝日本）の属たり。唯外朝（中国）以て信を通ずべきのみ。諸蕃は隣と称するに足らず」であり、この諸蕃とは韓国のことであろう。こうなると少々誇大妄想的な感じがするが、日本＝中国という発想を抱けば、中国が周囲の国々に対してとったと同じ態度であるべきだと言うのは当然の主張である。これは「アジアの盟主」意識の起源だが、これが今なおさまざまな形に作用していることは否定できない。この点で素行という人は相当にやっかいな遺産を残している。

では彼は幕府をどう見ていたのであろう。

後白河帝の後、武家権《けん》を執《と》る既に五百又《ゆう》余年。其間未嘗《かつ》て利《り》嵛長距《しちようきよ》、以て場を擅《ほしいまま》にするを得、冠猴封豕《かんこうほうし》、火を秋蓬《しゅうほう》に蹤《はな》つの類無《るいな》くんばあらず。而《しか》も猶《なお》王室を貴び、君臣の儀存す。是《これ》天神人皇の知徳、県象《けんしょう》著明、世を没《お》えて忘るべからざるなり。其過化の功、綱紀の分、然《しか》も悠久、然も窮《きわま》り無き者、至誠に流出すればなり。三綱既に立つ、則ち条目の著《ちょ》、政治の極致にあるなり。凡《およ》そ八紘の大なる、外国の汎《ひろ》きも、中州に如《し》くはなし。皇綱の化、文武の功、其至徳豈《あに》大ならずや。

こう言ってしまえば武家政治はそのまま容認される。事実、彼のような態度をとれば、日本はすべて立派なのであり、そこで日本の何かを否認すること自体が、容認できないこととなる。では彼は、かつて言われたようにいわゆる日本主義者なのであろうか。「蓋《けだ》し、我が土《くに》に居て我が土を忘れ、其国に食《は》んで其邦を忘れ、其天下に生れて其天下を忘るる者は、猶《な》お父母に生れて父母を忘るるがごとし、豈是《あにこ》れ人の道ならんや。唯未だ之を知らざるのみにあらず、附会牽合《けんごう》、我が国を以て他国と為《な》す者は、乱臣なり。賊子なり」といった文章に接すると、戦時中の国家主義者のお説教を思い出す。しかし、日本＝中国論は、やはり慕夏主義の一つであり、中国を絶対と考えるがゆえに、「日本こそ中国である」という形で日本を絶対化しているにすぎない。そこで彼が書いているのは、一見歴史のように見えて、実は日本が中国であることの、あやしげな証明にすぎない。彼が絶対に拒否したものは、「日本は中国ではない」という発想であり証明である。そしてそれを拒否するがゆえに一種の超国家主義になる。というのは日本と中国を相対化すれば「超」はいずれの側にもつけ得ないからである。慕夏主義は逆に「超」を生む。それは慕米主義であれ慕ソ主義であれ同じことであろう。この影響もまた強く、さまざまに形を変えながらも、日本人は常に慕夏主義者であるがゆえに超国家主義者なのである。

　彼は道春の「天皇中国人説」に強く反論している。「日本＝中国」で、中国は中国でないのだから、天皇が中国人であることは、逆に、天皇だけが「日本人＝中国人」説の中国人でないことになってしまう。

　或は疑う、中華（＝日本）は、呉の泰伯の苗裔《びょうえい》か。故に神廟《しんびょう》三譲《じょう》を掲げて以て額《がく》となすと。嘗《かつ》て東山の僧円月、日本紀を修めて以て泰伯の後となす。朝儀協《あ》わずして遂に其書を火《や》く。……俗書の虚声を吠え、文字の禅、章句の儒、妙奇彫空の致す所なり。夫《そ》れ中華（＝日本）万邦に清秀する乎、悉《ことごと》く神聖の知徳に出《い》ず。故に国を神国と称し、祚《そ》を神位と称し、器を神器と称し、其教を神勅といい、其兵を神兵と曰《い》う。是れ神物に体して遺《のこ》さざるなり。後世切《みだ》りに其虚を伝えて、無稽の言を為す。皆記誦の耳にまかせ、而して基本づく所を忘るるなり。

それならば天皇が絶対なのであろうか。顔真卿《がんしんけい》が中国体制を絶対化したように、天皇制は制度として絶対化さるべきものなのか。そうではない。彼は、天皇政治と武家政治の優劣を次のように論じている。

公家一統して天下平なるときは、朝廷に政務正しく大臣に補佐の材逞《たくま》しきを以也。朝廷歌舞を事とし、遊宴を弄《もてあそび》玉《たも》うが故に、政事次第に衰、国家の時宜不レ明、乱臣世を乱ることとやまざるを以て、武臣是を静謐《せいひつ》して政《まつりごと》を朝廷にかえすといえども、朝家遂に不レ正、このゆえに武臣政を執て天下の権を握るなり。凡《およ》そ天下の治乱は公家武家によらず、唯《ただ》道を行、乱を定むる人に天くみす。天くみするときは天下の神器自《おのずから》おさまる。しかれば、公家これを治るとも、武家これを治むるとも、治平の道ことなるべからず。優劣是非一定すべからざる也。

されば鎌倉滅亡の後、尊氏義貞天下を後醍醐帝に帰し奉て、天下一たび公家の一統に及といえども、朝家の政道不レ正がゆえに、賢臣世を遁《のがれ》、讒者《ざんしゃ》道を塞《ふさぎ》、内奏の秘計やまず。諸国の蜂起逐《ひをおって》レ日盛なりけるがゆえに、又朝廷天下失て武家得レ之にいたれり。しかしより已来《いらい》次第に朝廷は衰え、詩歌管絃、優長の妓芸の家とし、武家は政道を宗とし、道をただし義を本とし、天下の安否以て任とす。故に天下の治平日々に新なり。されば武家いずれも勤レ王崇二朝廷一といえども、王王たらず、朝廷朝廷たらざるが故に、宗廟社稷《そうびょうしゃしょく》の神もことごとく武家よりこれを祭祀せり。万機の政ともに武家これを奉行するに至れり。

中にも大権現（家康）天下をしろしめすより、朝家の崇敬他に異にして、かしこくも公家の政道、天子の御作法、古《いにしえ》にかえらんことを欲し玉うて、其制法を奉り玉うといえども、朝家の勢万牛を以て挽レ之《これをひく》とも古にかえりがたし。しかれども武家の崇敬猶《なお》怠り玉うことなく、勤二王事一尊二朝儀一こと、頼朝卿已来如レ此《これ》ことあらずといえり。されば朝家の勢は日々に衰て武家の成敗は日々に正し。是天の与たる処、武家にあって公家に非ず。天下の是非は公論にして、私を以てすべからざれば也。

この点、素行という人は不思議といえば不思議だが、伝統的といえば最も伝統的であろう。いわば日本絶対の天皇中心主義というのはあくまでも「タテマエ」であり、実際行動の基準ではなかった。そこで現実問題としては、幕府の廃止とか、その権力の制限とか、天皇の親政とかいったことは考えたことがなかった。すなわち日本賛美、日本の現実の体制の絶対支持者だったわけである。そしてその生涯の望みは幕府の直参《じきさん》になることであった。こうなると、後の山崎闇斎や浅見絅斎とは全く違った人間であり、むしろ泰時の系統をひく伝統派であり、こういう人間が天皇尊崇をいくら口にしたとて、幕府は危険を感じなくて当然である。否、むしろ、擬似正統主義にとっては有難いことであったろう。

従って彼に向って、幕府の正統性といった問いを投げかけても「立派に機能しているなら、機能していてよいではないか」ということであったろう。彼が求めているのは、権力なき天皇への儀礼的崇敬であって、それ以上の何ものでもない。そしてその点では泰時も同じであった。いわば、相手を決して無視しておりません、自分に正統性があると思ってはおりませんという態度であり、法を発布してもこれは法でなく式目であると言い、それが法をいささかも変えるものでないと言いつつ、実質的には立法権を行使していくという行き方なのである。これは新聞の態度にも通ずるものがある。憲法絶対であり、憲法を護れであって、形式的にはこれを絶対として尊崇している。新聞が憲法を改正せよと主張したことはないし、なくて当然であろう。幕府が立派に機能しているからといって、素行が天皇制の廃止を口にするはずがないのと同じである。しかし一方に於て、実質的にこれを否定することは、一向にかまわないのである。素行に於ては彼の生き方自体が同じであり、諸大名の師として実務に関して献策するときは、彼の掲げた主義とは全く無関係な原則によっていた。そしてこの二つの並存に彼が何の矛盾も感じなかったことは、前述の彼の天皇論と武家政治論とを並べてみれば、だれの目にも明らかであろう。いわばここに、吉田満氏が戦後の出発点に置いた「まやかし」と同質の「まやかし」があり、両者とも極端な慕夏主義とそれを裏返した日本絶対主義があり、共にそれを意識せずに、自らの規範となり社会を見る基準となっているのである。

そこで、徳川幕府も自民党幕府もそれを少しも危険とは思っておらず、何らかの形で、実際的な面から現状を改革して行こうという「水土論者」蕃山の方がはるかに危険と見た。素行が赤穂に流され、大石内蔵助が彼に学んだことはよく知られている。だがその理由は『中朝事実』にあるのではない。というのはこの書は赤穂で記されたのであり、彼が流されたのは『聖教要録』のためである。では一体『聖教要録』のどこが悪かったのであろう。甚だおかしなことに、当時の幕府にとっての危険思想とは朱子学への批判だった。素行は元来は林道春の弟子であり、世にきこえた大秀才だった。従って当時の学問といわれるものは殆どすべて習得し、多くの諸侯が彼を招聘しようとし、弟子は二千人もいたというが、不思議なことにたとえば浅見絅斎の『靖献遺言《せいけんいげん》』のような後代を強く動かした書物もなければ、いま読んで何らかの感銘を受けるものもない。おそらく単なる秀才だったのであろう。

だが当時の影響力は大きかった。その彼が寛文五年（一六六五年）、四十四歳のとき著したのが『聖教要録』で、簡単にいえば儒教における学説を網羅した小冊子である。問題は彼が門人に仮託して記したその序と、それに対応している内容であろう。「聖人は杳《よう》として遠く、微言漸《ようや》く隠る。漢唐宋明の学者、世を誣《し》い惑いを累《かさ》ぬ。中華すでに然り。いわんや本朝をや。先生二千載の後に勃興して、迹《あと》を本朝に垂れ、周公、孔子の道を崇《たっと》び、初めて聖学の綱領を挙ぐ」。いわば孔子以後はみなニセ者だから、朱子などは無視して直接孔子に帰れと言っているわけで、本文の中でも「孔子没して、而《しこう》して聖人の統殆《ほとん》どを尽く」と記し、さらに宋学を強く批判し「宋に及び、周・程・張・邵《しょう》、相続《つ》いで起り、聖人の学、ここに至りて大いに変ず。学者陽には儒にして、陰には異端なり。道統の伝、宋に至りて竟《つい》に泯没《びんぼつ》す」と記している。これが朱子学を正統思想とする幕府から問題にされた。

大体、朱子学を採用するか否定するかに、そのときの政府が干与すること自体、いま考えてみればおかしな話である。さらになぜ一体朱子学が幕府にとって重要なのかとなると、幕府自体が、朱子学的正統主義を無視することによって存在しているようなものだから、このこと自体が不可解ともいえる。だがそれも戦後のことを考えてみれば不思議ではない。戦後の日本で当時の朱子学のような絶対性をもっているのは民主主義だが、では一体日本で、何の理由で戦後三十四年間、民主主義という言葉が絶対化しているのか、その理由を論理的に説明できる者はいないはずである。

戦前の日本には「民主」という言葉でさえ、厳密な意味では存在しなかった。「主」は「君」であっても「民」ではない。もっとも「百姓は国の本」といった意味に通ずる「民本」であったし、これなら徳川時代からあって不思議ではない。「君」は主で、「民」は本であっても、それは「民主」ではない。ところが戦後には急に全員が〝民主主義者〟になったが、それは戦前から存在したイデオロギーが、何らかの正統性に基づいて、革命によって新しい政権を樹立したわけでなく、敗戦・占領・戦勝者の絶対化によってそういう体制が出来てしまっただけである。従ってそれがどのような体制になったかは、一に占領者によってきまったことであろう。もとをただせばそれだけのことだが、それなるがゆえに「民主主義」は絶対、憲法は絶対ということになる。そしてこれへの異論は異端として排除されねばならない。岸田秀氏は、精神分析の立場から、憲法絶対、憲法改正絶対反対という言葉は憲法が機能していないが故に出てくる言葉であり、憲法が本当に機能していればこのような言葉は出てくるはずはない、と言われたが、その通りであろう。また民主主義という言葉を絶対化しているのも同じであり、それが機能していないが故に絶対化される。そして当時の朱子学も同じなのである。それは体制として機能しているわけではない。そこで機能しているのは一種の日本的自然法である。そしてそれなるが故に、それを基とし、それに基づく合理性を追求しようとする水土論はむしろ異端視され、同時に朱子学の否定は、戦後における民主主義の否定のごとくに、罪になるのである。だがそこにあるのは結局、出来てしまった体制を絶対化し、それを借りものの擬似正統主義で正当化し、現実問題の処理は、その正統主義に基づく「憲法」でなく「自然法」で処理して行くという行き方、すなわち吉田氏の言われる「まやかし」なのである。これは泰時以来、現在に至るまでの幕府的行き方であり、この行き方をしている限り、体制の基本的変革などということはあり得ない。

だが「中朝論」とは実に不思議な考え方である。これが中国を知らない人間の説ならまだしも、少なくとも文献的に中国を知る者が、「日本こそ中国である」という発想をするとは、不思議である。もっとも戦後の日本のマスコミの中には、「日本こそ民主主義の本家である」式の発言もあったから、慕夏主義はこの種の発想を誘発するかも知れぬ。

だが少なくとも『史記』を読んだものなら、素行の記す〝日本史〟なるものが、中国人の歴史哲学と全く無縁であることは、一目瞭然であろう。やがて日本人は、中国人の歴史哲学を援用して自らの歴史を記そうとし、またその哲学から出た正統論をもって日本を批判しようとするようになる。これも「中朝論」の一変型といえるが、そうなると「中国の歴史は正しいとすると、日本の歴史は誤っている」という発想が出てくる。これが「中国式に日本の歴史を正そう」という考え方にもなってくるわけである。

だがそうなるとすぐに「易姓革命《えきせい》」をどう評価すべきかという問題が出てくる。これは日本にもさまざまの影響を与えているので、その問題の概要を『史記』によって簡単に記すことにしよう。

周の文王と武王は、殷《いん》周両王朝の交代期に活躍した指導者だが、文王のときはまだ周王朝は成立していないのだから、正しくは殷の帝紂《ちゅう》の治下の西伯だが、昔から「周の文王・武王」という言い方をされてきた。そして、そう言われるには、それなりの理由があったといえる。そしてこの二人は、後の中国に「永遠の政治学的課題」を残したといえる。いわば「君臣の義」すなわち既存の秩序を絶対に守ることが「義」なのか、そのためには暴君を諌《いさ》めて殺されようと幽閉されようと叛逆をしてはならないのか。それとも君主が暴虐なときは民のため臣が叛逆してこれを誅滅《ちゅうめつ》することが「義」なのか。この点で文王は前者、武王は後者、いわばその行き方は逆なのである。ではどちらが正しいのか。この論争は「拘幽操《こうゆうそう》弁」と「湯武《とうぶ》論」という形で徳川時代の日本にも及んでくるのである。従って日本にも「朱子学受容期以降の天皇論」に大きな影響を及ぼし、これは昭和にまで及んでいるのだから、これは、見逃し得ない問題といえよう。従ってまずここで、その基となった『史記』の記述を要約して記そう。「殷本紀第三」と「周本紀第四」のこの部分は、一部、重複して記されているから双方から必要な部分を引用する。

それはまず殷末の暴君紂の記述からはじめる。

「帝紂、資弁（能弁）捷疾《しょうしつ》（すばやい）にして、聞見甚だ敏《さと》く、材力人に過ぎ、手ずから猛獣を格《う》つ」と。決して彼は愚鈍でなく、勇気なき人間でなく、むしろその逆であった。だが甚だ徳がなく、それらの能力はむしろ彼をますます暴君にする逆効果しかなかった。「知は以《もっ》て諌《いさめ》を距《ふせ》ぐに足り、言《げん》は以て非を飾るに足り、人臣に矜《ほこ》るに能を以てし、天下に高《たか》ぶるに声を以てし、以為《おも》えらく、〔人は〕皆、己れの下《もと》に出《い》ずと」。そこで彼は酒と淫楽にふけり、有名な酒池肉林の宴「酒を以て池となし、肉を縣《か》けて林となし、男女をして倮《はだか》にして其の間に相逐《お》わしめ、長夜の飲をなす」を行う。さらに後に悪女の代名詞となった「妲己《だつき》を愛し、妲己の言に是《こ》れ従う」。そこで伝統的音楽を淫らなものにかえ、重税を課して金庫と穀倉を満たし、珍奇なものを宮廷に集める。そのため「百姓怨望《えんぼう》し、而して諸侯に、畔《そむ》く者有《あ》り。是に於て紂乃《すなわ》ち刑辟《けいへき》を重くし、炮烙《ほうらく》の法有り」となる。「炮烙の法」とは炭火の山の上に膏《あぶら》をぬった銅の棒をわたし、その上を罪人に歩かせる刑で、必ず滑って火中に落ちて焼け死ぬ刑である。だが、紂の暴虐はこれだけでなく、自らを補佐する三公すなわち大臣にまで及んだ。

西伯昌(後の文王)・九侯・鄂《がく》侯を以て三公となす。九侯に好女(美しい娘)有り、之《これ》を紂に入る。九侯の女は淫を憙《この》まず。紂、怒りて之《これ》を殺し、而して九侯を醢《かい》(殺して塩づけ)にす。鄂侯之《これ》を争うこと彊《つよ》く、之を弁ずること疾《はげ》し(諫めて強く争い、善悪を弁じて糾弾した)。幷《あわ》せて鄂侯を脯《ほ》(殺して乾肉)にす。西伯昌之《これ》を聞き、窃《ひそか》に嘆ず。崇侯虎之を知り、以て紂に告ぐ。紂、西伯を羑里《ゆうり》(河南省)に囚《とら》う。

「殷本紀」では以上のようになっているが、この幽閉の理由はこれだけでなく、西伯昌にしだいに人望が集まって来るのを崇侯が危険と見たからだと、「周本紀」には記されている。

「公季（文王の父）卒して、子の昌立つ。是《これ》を西伯（伯は首長の意味で西方諸侯の長の意）と為す。西伯を文王と曰《い》う。后稷《こうしょく》・公劉《こうりゅう》（文王の祖先）の業に遵《したが》い、古公・公季（祖父と父）の法に則《のっと》り、仁を篤《あつ》くし、老いたるを敬い、少《わか》きを慈《いつく》しみ、賢者に礼下し、日中まで食するに暇《いとま》有らずして、以て士を待つ」。これを聞いて伯夷《はくい》・叔斉《しゅくせい》も移住して来たし、多くの士も西伯のところに来た。崇侯はこれに危険を感じて紂に言った。「西伯、善を積み、徳を累《かさ》ね、諸侯皆之に嚮《むか》えり。将《まさ》に帝に利ならざらんとす」と。「帝紂乃《すなわ》ち西伯を羑里《ゆうり》に囚う」。理由はおそらく前記の「窃《ひそか》に嘆ず」との双方にあったのであろう。いわば前々から危いと思っていたものが、これでますます危くなったと感じたのかも知れぬ。いずれにせよ西伯はすぐ殺されなかったが、いつ幽閉が終るともわからぬ身となり、将来の運命も九侯・鄂侯と変らぬのかも知れぬ状態となった。そしてこのとき西伯すなわち文王の心情をよんだものが韓退之（韓愈）の「拘幽操《こうゆうそう》」である。次に記そう。

文王羑里《ゆうりニシテ》作《リタマヘリ》

目窅窅《ようようタリ》兮。其《レ》凝《こり》其《レ》盲《めしイヌ》。耳蕭蕭《しょうしょうタリ》兮。聴《クニ》不レ聞《カ》レ声《ヲ》。朝不二日出《いで》一兮。夜不レ見二月《ト》与一レ星《ヲ》。
有《リヤ》レ知《ルコト》　無《シヤ》レ知《ルコト》　兮。為《セン》レ死《セリトヤ》　為《セン》レ生《ケリトヤ》。
嗚呼臣罪《カ》当《リヌ》レ誅《ニ》兮。天王《ハ》聖明《ナリ》。

現代人から見れば少々奇妙である。ただ「君臣の義」が絶対ならば、一種の倒錯を生ずる。これは有名な伯夷・叔斉の場合も同じで、ついに紂を誅罰した武王の粟《ぞく》を食らわず「彼の西山に登り、其の薇《び》を采《と》る。暴を以て暴に易《か》え、其の非なるを知らず。神農・虞《ぐ》・夏《か》、忽焉《こつえん》として没しぬ。我安《いず》くにか適帰せん。于嗟徂《ああゆ》かん、命の衰えたるかな」（『史記』）といって餓死する。これが最高の徳であり、そこで程子は「拘幽操」を次のように評する。「程子曰く。韓退之美里操を作りて云う。臣が罪、誅《ちゅう》に当りぬ、天王は聖明なりと。文王の心を道得《いいえ》て出《いだ》し来《きた》れり、此れ文王至徳の処也」（遺書）。さらに『朱子語類』にも註があるが、これは長いので省略する。ただこの中で朱子が強調しているのは「……天王は聖明なりと。此の語何の故ぞ。程子是《こ》れ好《よ》しと道《い》える、文王豈《あに》紂の無道を知りたまわざらんや」であるが、それでいて「君臣の義」を絶対化したところが、ここに「方《まさ》に恁地《かくのごと》く義有り」とするのである。

この「君臣の義」の絶対化が中国の政治哲学の基本原理の一つである。ところが西伯の臣下が巧みに工作して西伯を救出する。

閎夭《こうよう》の徒（臣下）、之を患《うれ》え、乃《すなわ》ち有莘《ゆうしん》氏の美女・驪戎《りじゅう》（産）の文馬（名馬）・有熊《ゆうゆう》（産）の九駟《きゅうし》（駿馬）・他の奇怪の物を求め、殷の嬖臣《へいしん》費仲に因《よ》りて之を紂に献ず。紂大いに説《よろこ》びて曰く、此《こ》の一物、以て西伯を釈《ゆる》すに足る。況《いわ》んや其の多きをや、と。乃ち西伯を赦し、之《これ》に弓矢斧鉞《ふえつ》を賜い、西伯をして征伐するを得しめ（諸侯を征伐する資格を与え）、曰く、西伯を譖《そし》れる（讒言《ざんげん》する）者は崇侯虎なり（従って自分の本心ではない）、と。西伯乃ち洛西の地を献じ、以て紂に炮烙《ほうらく》の刑を去らんことを請う。紂之《これ》を許す。

ところが以後も殷の政治はよくならない。「費殷本紀を用いて政をなさしむ。費中は善《よ》く諛《へつら》い、利を好む。殷人《いんびと》親しまず。紂、又悪来《おらい》を用う。悪来は善く毀讒《きざん》す。諸侯此《これ》を以て益々疏《ますますうと》し」という形で人望を失っていく。

一方、西伯はこの逆である。「乃《すなわ》ち陰《ひそか》に徳を修め善を行う」さらに「弓矢斧鉞を賜い、西伯をして征伐するを得しめ」だから、従わない者は合法的にこれを討伐することができる。そこで一方では「諸侯皆来って平《たい》ぎを決す（公平な解決をしてもらった）」となり、「受命の君なり」と言われるようになる。そして一方では「……明年犬戎《けんじゅう》を伐つ。明年密須《みっしゅ》を伐つ。明年耆《き》国を敗る……明年崇侯虎を伐つ」で自分を讒言した者を滅ぼし、「而して豊邑《ほうゆう》を作り、岐下（岐山の麓）より徙《うつ》りて豊に都す」となった。紂の臣下にはこれを危険視する者がいたが、紂は「天命有らざらんか。是れ何ぞ能《よ》く為さんや」（天命によって自分は天子なのだから、西伯になにかができるはずはない）といって取り合わなかった。いわば、これは文王が「君臣の義」を絶対化したのと同じ考え方の裏返しであろう。
だが、殷側の不安がますます強まるのは当然であろう。

西伯滋々《ますます》大なり。紂是《これ》によって稍《よう》く権重（権威の重さ）を失う。王子比干《ひかん》諫《いさ》むれども、聴かず。……西伯の飢国を伐ちて之を滅ぼせるに及びて、紂の臣祖伊《そい》、之を聞きて周を咎《にく》み、恐れ奔《はし》りて紂に告げて曰く、天既《すで》に我が殷の命を訖《お》えんとす。仮人元亀（すぐれた人の観察も亀甲の占い）も、敢《あえ》て吉を知る無し。先王の我後人を相《たす》けざるに非ず、維《こ》れ王淫虐にして用《もっ》て自ら絶つなり。故に天、我を棄《す》て、安食すること有らざらしむ。天性を虞《はか》り知らず、典《てん》に迪《ふ》み率《したが》わず。今我が民、（殷の）喪《ほろ》びんことを欲せざる罔《な》く、曰く天曷《なん》ぞ威を降《くだ》さざる。大命胡《なん》ぞ至らざる（天はなぜ威命を下してわが君を罰しないのか、殷を滅ぼす天命がなぜ下らないか）、と。今王其《そ》れ奈何《いかん》せんや、と。紂曰く、我の生るるや、命の天に在る有らざらんや（私が生れて天子であるのは、天の命によっている、人民がどうこうできるわけがない）、と。祖伊反《かえ》りて曰く、紂は諫むべからず、と。

この祖伊の言葉にはすでに「天命を失う」という発想がある。ところが豊に都を移した翌年、西伯が崩じてその太子発（武王）が即位すると、祖伊の言葉が現実のものとなってきた。この間のことも「殷本紀」と「周本紀」の記述が重複しているので両方を引用しつつ略記しよう。
「西伯既に卒す。周の武王の東伐して（河南の）盟津《もうしん》に至るや、諸侯の殷に叛《そむ》きて周に会する者八百なり。諸侯皆《ことごと》く曰く、紂伐《う》つ可《べ》し、と。武王曰く、爾《なんじ》、未だ天命を知らず、と。乃《すなわ》ち復《ま》た帰る」。こういっても、否、こうなるとますます紂の暴虐はひどくなる。

紂愈々《いよいよ》淫乱して止まず。微子《びし》数《しばしば》諫むれども聴かず。乃《すなわ》ち大師・少師と謀《はか》り、遂に去る。比干曰く、人臣たる者は、死を以て争わざるを得ず、と。迺《すなわ》ち紂を強諫す。紂怒りて曰く、吾《われ》聞く、聖人の心《むね》には七竅《しちきょう》有り、と。比干を剖《さ》きて其の心《むね》を観る（紂が怒って言うには、聖人の心臓には七つの穴があると聞いている。それを調べてやる、といって比干を殺して解剖し、その心臓を見た）。箕子《きし》懼《おそ》れ、乃ち詳《いつわ》り狂して（狂人のまねをして）奴（隷）と為る。紂又之《またこれ》を囚《とら》う。殷の大師・少師、乃ち其の祭の楽器を持ちて周に奔《はし》る。

ここで周の武王はついに決起する。この戦闘経過はもちろん「周本紀」の方が詳しいが、ここでは簡略な「殷本紀」の方を記し、それを「周本紀」の方で多少おぎなうことにしよう。
「周の武王、是《ここ》に於て遂に諸侯を率いて紂を伐つ。紂も亦《また》兵を発して之《これ》を牧野に距《ふせ》ぐ」。

このときの武王は、その大義名分を次のように述べている。

「武王乃《すなわ》ち太誓《たいせい》を作り、衆庶に告ぐ。今、殷王紂、乃ち其の婦人の言を用い、自ら天に絶ち（天命を絶ち）、其の三正（天地人の正道）を毀壊《きかい》し、その王父母弟を離《り》遏《てき》し（遠ざけ）、乃ち其の先祖の楽を断棄《だんき》し、乃ち淫声を為《つく》り、用《もっ》て正声を変乱し、婦人を怡説《いえつ》す（喜ばす）。故に今予発《われはつ》、維《こ》れ共《つつし》みて天の罰を行う。勉めよや夫子。再びすべからず、三たびすべからず（機会を逸してはならない）、と」。そして武王はこれを「文王に遵《したが》い」という形をとり、その位牌を奉持してその意志に従うものとしている。これが後に、果してそう言えるのか、これは文王の行き方の逆ではないかという議論を生ずる。だが、それは後述するとして、さらに彼の言葉をつづけよう。

「牝雞《ひんけい》は晨《あした》する無し。牝雞の晨するは、惟《こ》れ家の索《つ》くるなり、と。今、殷王紂、維《こ》れ婦人の言を是《こ》れ用い、自ら其の先祖の肆祀《しし》（祭祀）を棄《す》てて答えず、其の家国を昏棄《びんき》し（自らの家と国を棄て）、其の王父母弟を遺《す》てて用いず、乃ち維《こ》れ四方の罪多くして逋逃《ほとう》せるもの（四方から罪によって逃亡して来た者）を、是れ崇《たっと》び、是れ長とし、是れ信じ、是れ使い、百姓《ひゃくせい》を暴虐し、以て商国を姦軌《かんき》せしむ（商の国を内外から乱している）。今予《われ》発維れ共《つつし》みて天の罰を行わんとす」と。いわば、紂を罰するのは天であり、武王はその執行人にすぎないと言うわけである。

人望のない紂は大兵を擁しながら、これに戦意がないために簡単に敗れた。

紂の兵敗る。紂走り入りて鹿台《ろくだい》（財宝庫）に登り、其の宝玉の衣《ころも》を衣《き》、火に赴きて死す。周の武王遂《つい》に紂の頭を斬り、之《これ》を白旗に県《か》く。妲己《だつき》を殺し、箕子の囚《とら》われを釈《ゆる》し（解放し）、比干の墓を封じ（高く土盛りし）、商容の閭《りょ》に表し（商容の住んでいる閭門に善行を示す表を建ててその徳をたたえ）、紂の子武庚禄父《ぶこうろくほ》を封じ、以て殷の祀を続《つ》ぎ、盤庚《ばんこう》の政を修め行わしむ。殷の民大いに説《よろこ》ぶ。是に於て、周の武王天子と為《な》る。其の後、世《よよ》帝号を貶《おと》し（一段下げ）、号して王と為す。而して殷の後を封じて諸侯となし、周に属せしむ。

いわば紂は誅殺され、周の武王が天子となったが、この時点では殷を完全に滅ぼしたわけでなく、これを諸侯の一人として周に従属させたわけである。これが後に問題を生ずるが、それは後述するとして、この武王の行為は果して文王の行き方を継承したものと言えるであろうか。前述の伯夷・叔斉のように、武王の行為を絶対に容認できないとする者の方が、むしろ、文王の行き方を継承しているように思える。では、武王をどう評価すべきなのか。これを完全に正しいとしたのが孟子である。彼は次のように記している。

「斉の宣王問いて曰く、湯《とう》、桀《けつ》を放ち、武王、紂を伐てること、諸《これ》ありや。孟子対《こた》えて曰く、伝にこれあり。曰く、臣にしてその君を弑《しい》す、可ならんか。曰く、仁を賊《そこな》う者これを賊と謂い、義を賊《そこな》う者これを残と謂う。残賊の人は、これを一夫《いっぷ》と謂う。一夫紂を誅するを聞けるも、未だ君を弑《しい》せるを聞かざるなり」と。いわば紂は仁義を賊なう者だからすでに帝ではなく、残賊の一夫に過ぎない。従って「一夫紂」の罪を糾弾してこれを誅殺したのであって、帝に叛逆してこれを弑虐《しいぎゃく》したのではないと。いわば、これが湯武放伐肯定論の基本である。また孔子の作とされてきた「易・革卦・彖《たん》伝」の「湯武天に順《したが》いて人に応じ命を革《あらた》む」や「天地革りて四時成る、湯武命を革め天に順いて人に応ず、革の時大なるかな」等もこれの肯定論として受け取られてきた。だが孔子の肯定は限定的で、『論語』では「子韶《しょう》を謂《い》う、美を尽《つく》せり。又善を尽《つく》せり。武を謂《い》う。美を尽せり。未だ善を尽さざるなり」と言っているのがその証拠であると浅見絅斎《けいさい》は言っている。だが、これはそのまま読めば「舜の音楽という韶は美をつくし善をつくしているが、武王の音楽は美をつくしているが、まだ善はつくしていない」という音楽評だから、必ずしも舜と武王の比較論ではあるまい。

ただこの「文王の道」「武王の道」すなわち佐藤直方《なおかた》などの言う意味での「文武両道」を同一とする説には、何としても無理を生ずるのである。この点では湯武放伐を基本的には正しくないとし、「拘幽操」は『靖献遺言《せいけんいげん》』の「奥ノ院」(稲葉黙斎)とされるような浅見絅斎の方が論理の筋は通っている。だがその絅斎も聖人の武王を否定はできず、これを例外のように扱う点では歯切れが悪い。一方、直方は、天子とは天の子だから、紂のように「天理ヲ亡シ天命ニソムキ天職ヲ空」しくする者は「実ニ父ニアダスル賊子」だからこれを討つのは当然とする点で歯切れがよいが、文王のこととなると「然ラバ文王ハナゼ紂ヲ其儘《そのまま》置レタゾト云ヘバ、其レハ何トゾ訳ガアツタデアロフゾ。聖人上ノコト後世カラウカヾハレヌゾ」とこれまた歯切れが悪い。『史記』はこの点で、後代に難問を残したといえるが、そこにはある意味で中国の政治哲学の限界が示されている。そしてこの矛盾をまず正しく指摘したのが山崎闇斎《あんさい》である。

II

もし孔子が攻めてきたら

林道春（羅山）、林春斎、熊沢蕃山《ばんざん》、山鹿《やまが》素行《そこう》そしてこれからのべる山崎闇斎《あんさい》も、みな、ほぼ同時代の人間と言ってよい。そして、これらの人びとに何らかの影響を与えた事件は、やはり明朝の崩壊とこの「中華の国」が韃靼《だったん》の国すなわち「畜類の国」に一変したという見方であろう。そしてこの影響を受けたのは何も日本だけでなく、韓国もまた同じであった。そして一種の「韓国＝中国論」も出てくるわけだが、その表われ方は両国で全く違っていた。韓国は本当に生まじめに、それまでにまして中国以上に中国的な儒教体制の国として、その完成へと向い、日本は逆に、日本的体制それ自体を「中朝」として絶対化する方向へと、まず向った。それを代表するものが素行の『中朝事実』であろうが、この傾向は当時の日本の思想家に、ある意味では共通していたと言ってよい。そして、そのために朱子学を援用している限り、これは確かに体制の学であり、便宜的にこれを利用して幕府の正統性を証明するなら、まさに御用学問である。朱子学は徳川時代の御用学問だという言葉をこの意味に限定するなら、それは正しい。

従って後に尊皇思想となり、これが幕府を倒すイデオロギーの基となったと思われる人びとの思想、特に山崎闇斎の思想を幕府が少しも危険思想と思わず、彼が秀忠の庶子で幕府の重鎮である保科《ほしな》正之の師であっても不思議ではなかった。また面白いことに、闇斎・素行には直接的にも間接的にも倒幕的発想は皆無である。そしてこれは水戸に於ても同じであり、たとえ光圀《みつくに》が朱舜水《しゅしゅんすい》に師事し、楠公建碑を行い「天皇中国人説」を否定しようと、この天下の副将軍に徳川幕府を否定する意志など毛頭なくて当然であった。では一体これらの人に、何がゆえに、後代が尊皇思想のはじまりとするような言動があったのであろうか。

幕府がその御用学問に求めたものは、いわばある種の「統合《インテグレーション》」の原理に基づく「個人的倫理」であった。すなわち幕府には「戦国の凍結」ともいうべき幕藩体制を変革して新しい体制を樹立する気は毛頭ない。革命を行って、廃藩置県を断行し、科挙の制を設けて士大夫《したいふ》を登用し、これを地方長官に命じて各県を統治させ、韓国のように国自体を儒教体制化しようなどという気は全くない。しかし「凍結した戦国」がゆるんで自己の政権が危うくなることはこまる。そこで、体制とは無関係に、ある体制の原理乃至《ないし》はその一部を個人倫理とし、それで各人を拘束し、この状態を逆に固定しようという形になった。その点では『中朝事実』はまさに、体制賛美の書として歓迎すべきものであっただろう。

「統合《インテグレーション》とは、もろもろの相対立する原理をより高次な一つの包括的原理のなかに結合する行為である。分裂・崩壊とは、そのようなより高次な包括的原理が結合力を喪失して、かつてはそのなかに結合されていた相対立する諸要素が相互ばらばらに裂ける出来事である」（パウル・ティリッヒ）とするならば、幕府が求めたのは、まさに、戦国の凍結の中の「相対立する原理」を、「より高次な」朱子学という「包括的原理のなかに結合すること」であり、その倫理的規範を朱子学に求めたわけである。

と見ていく場合、朱子学を体制とは無関係に「個人倫理」として再編集し、それを自らの規範とするように教育してくれる者がいたら、大変に有難い人間と見なければならない。とすれば、後代が尊皇思想家と見た人びとを、幕府が、統合の思想家と見て少しも危険視しなくても不思議ではない。そして確かに危険でない人間もいた。林家はもちろん危険ではないし、伊藤仁斎も山鹿素行も危険ではなかったであろう。だが、山崎闇斎という不思議な人物、大老保科正之の師を細かく調べて、その思想の行きつく先を検討すれば、そこにある危険な「芽」に気づいたはずである。

一体、体制にとっての危険思想とは何であろうか。人がもし戦後のように、敗戦の結果出来てしまった体制を「絶対」と考え、それにあわてて付与した正統性をそのまま受け入れているなら、それがどんな思想であれ別に危険ではあるまい。しかし、その体制の外にある何かを人が絶対視し、それに基づく倫理的規範を自己の規範とし、それ以外の一切を認めず、その規範を捨てよと言われれば死をもって抵抗し、逆に、その規範が実施できる体制を求め、それへの変革へと動き出したら危険なはずである。この危険な「芽」はすでに闇斎にあり、弟子の浅見絅斎《けいさい》にははっきりと表われているが、皮肉なことに、彼の提唱する規範こそ幕府が各人に求めた倫理的規範であるがゆえに、彼は、幕府の重鎮の師であっても、危険思想家にはならなかった。この現象は、まことに皮肉というべきである。

闇斎、この不思議な人物は元和四年（一六一八年）に京都に生れた。彼は蕃山の一つ上、素行の四つ上だが、社会的に活動をはじめたのははるかに遅く、明暦元年（一六五五年）三十八歳のこと、これは蕃山が蕃山村に隠退する二年前である。また「十五歳の時、初て大学の講釈仕《つかまつり》候。聴衆大勢有レ之候」の早熟の秀才素行と比べれば、年は四つ上でも世に出たのははるかに遅い。なぜか、と言えば、それは彼の思想的遍歴の故であった。はじめ彼は僧であり、後に還俗《げんぞく》して儒者になり、さらに神道に入っている。伊藤仁斎が、彼がもうちょっと長生きしたらキリシタンの伴天連《バテレン》になっただろうと評したという。これは単なる皮肉・冗談かも知れぬが、ある種の絶対主義者である闇斎の一面を評しているとも言える。ある意味で彼は、生涯、うむことを知らぬ求道者であった。

そして性格的に近世のだれに似ているかというと、面白いことにそれが内村鑑三なのである。従って彼への酷評は鑑三への酷評に似て「資質褊急《へんきゆう》麁《そ》厲《れい》、才を負うて倨傲《きよごう》、人物を凌忽《りようこつ》す。是を以て朋友故旧、或は怒《うら》み、或は慍《いか》り、或は鄙《いや》しみ、或は憎《にく》み、始終、全交の人なし」である。確かに温和・寛容とは言えず、このような批評が出ても致し方がないと思われる面は、両者ともに持っていた。またその一方で、弟子・鑽仰者《さんぎようしや》の多かったことも事実で、闇斎は弟子六千人と言われた。また同じ朱子学の徒とはいえ、彼の林家に対する批評は、内村の教会に対する批評と同様にすさまじく、春斎はこれに対応するよりむしろ「相手とせず」という態度をとり、「俗儒」と罵倒されても黙っているのが一番と考えていた。内村もこれと似ている。

闇斎が、当時の官学である朱子学の徒で、しかも保科正之の師でありながら林家にこのような態度がとれたのは、その出身が林家とは無関係という点にもあるであろう。まず彼は十二歳で比叡山に上り、十五歳で妙心寺に転じてここで僧となった。異常な勉強家で同時に常人とは思えぬ暗記力があったが、性格が狷介《けんかい》で他と衝突し、ある意味では寺のもてあまし者になっていた。そこですすめる人があって土佐の吸江寺に転じ、彼が朱子学に接したのはこの地であった。いわば素行が林家の弟子であったのとは、受けた教育が違い、また〝教派〟も違ったわけである。この点、内村がクエーカー系に学び、当時の教会系の神学者とは別系統であり、同時に一方には教会という組織があり、彼には何の拘束もなかったのと似ているかも知れない。しかし林家対闇斎の議論ははじめから無理である。というのは林家の任務は朱子学を統合の原理として活用することだが、闇斎にはそういう拘束はないからである。

闇斎の朱子学は南村梅軒にはじまる「南学」であり、これは林家の「官学」とは別派と見るべきである。そして闇斎のころには、谷時中《じちゅう》、野中兼山などにより、まさに一派といえる状態になった。兼山は土佐の一万石の大身、自ら朱子学を信奉すると同時に、その財力をもってあらゆる書籍を集めた。いわばパトロンだったわけである。そして面白いことに谷時中もまた僧侶、すなわち真宗の出身であり、従ってそこには「学」よりむしろ「教」ともいうべき宗教的な要素があった。そして「教」ともなればますます強く、個人の倫理的規範になって行き、その思想の基本である体制とは無関係になって行く。いわば朱子学よりむしろ「朱子道」または「朱子教」になって行くから、南学もまた、体制の変革を志向する革命的要素はない。ただ、林家の場合は少なくとも「現体制の保持の統合の原理として」という枠があったが、その枠を意識しなくてよかっただけである。従って個人の倫理と化した彼の所説は危険よりむしろ有益と見ることも可能で、幕府はそう見ていたであろう。だが、それが一種の「朱子学的擬似宗教」すなわち朱子教的イデオロギーとなれば、別の形で機能しはじめて不思議ではない。

闇斎はその知識の量に於ては林春斎に及ばず、学識という点では仁斎・徂徠《そらい》に及ばなかった。また独創的・実際的という面では蕃山の比でなく、さらに日本的体制の絶対化という素行のような奇妙な独創性も持っていなかった。彼の特徴は論理的徹底性であり、それに基づく一種、エトスの転換とも言えることを、一つの絶対性をもって自ら実行に移し、同時にこの実行を弟子にも強要し強制し、これを行わねばすべてが無意味と考えていた点である。そしてそのための「聖書」として「小学・近思録・四書・周易」を用い、これから闇斎流に抽出した「神律」を実施させたわけである。従って彼の学問なるものは朱子学でなく「崎門《きもん》学」だという定義は正しいだろう。以下「崎門学」と記すことにしよう。

では一体崎門学と朱子学はどう違うのか。どこでどう朱子学からズレたのか。この二つの比較はそれだけで一書になりうる問題なので、ここでは、誤解を生ずるのを覚悟の上で、それが社会に与えた影響という面からだけ、この問題を摘記してみよう。

まず朱子の『近思録』の第一編「道体篇」を見ればその一の冒頭が「無極にして太極あり」で、その二の冒頭は「誠は無為、幾《き》に善悪あり」である。一方は宇宙論的、一方は道徳論的だが、ではこの二つはどのように関連するのか。湯浅幸孫氏は周敦頤《とんい》の『通書』によって、次のように解説されている。「『通書』中くりかえし現われる主要な概念は「誠」と「主静」とである。「誠」は「寂然として動かず」、「万物は（これを）資《もと》として始まる」といわれる。この意味では「誠」は、「無極にして太極あり」といわれる宇宙の本体と同義語である。また「誠」は、「純粋至善なるもの」であり、「五常の本、百行の源」である。即ち、人間の本性、先験的な道徳法則であって、朱熹のいわゆる「本然の性」とか「天理」に相当する。「誠」は宇宙の本体であるとともに、道徳の最高準則という二重の意義をもっている」と。

この、「天の秩序」(自然の法則)と「内心の秩序」(先験的な道徳法則)は基本的には一致するというのが、朱子学というより儒学の基本的な考え方である。従って「無為」にある「本然の性」は「誠」であり、そこで何を行っても「焉《これ》を性のままにし焉《これ》に安んずる、之《これ》を聖と謂《い》う」とはそれができるのが聖人で、これを可能にするのが「徳」である。だが一般人はそうはいかないので、『近思録』に示された規範を守ってそれに至るよう努力しなければならない。

ではそれがどうズレたか。以上のような抽象的な説明をひとまず離れて、ここで二・二六事件の将校たちが愛誦した「昭和維新の歌」の一節を思い起してみよう。その中に「信ずるものはただ誠《まこと》」という言葉がある。ではこの「誠《まこと》」と朱子の「誠は無為、幾に善悪あり」の「誠」は同じであろうか。だれが考えても同じではあるまい。

この二・二六事件的な「誠《まこと》」は、「自己の内なる義なる感情にあくまでも誠実」であり、それ以外は信ぜず顧慮せず、その義なる感情を充足するように社会に働きかけるためには手段を選ばない、という意味である。その意味では自己絶対化で、自己の内なる、これが「義である」と信ずる信念の絶対化が「誠《まこと》」であるということになる。この行き方は新左翼にもあるが、「誠《まこと》」という言葉の意味をこのように変えてしまった〝元凶〟が、実は、山崎闇斎なのである。その意味では闇斎・絅斎は未だに日本人に影響を及ぼしている。

なぜこうなったのであろうか。まず、前記の儒学の二重的性格からすれば「誠」という概念は、道徳論の基礎であるとともに認識論の基礎であるはずである。いわば「誠」でない限り知的な客観的な「窮理」はできず、また道徳の基礎も成り立たない。従って「誠」であるための方法論が「敬」であり、そこで「敬ハ一心ノ主宰ニシテ、万事ノ本根ナリ」とする。いわばこれが「操心の工夫」「己れを修めるの工夫」なのだが、闇斎はむしろこの「敬」を絶対化した。そしてこれを『易経』の「君子ハ敬以テ内ヲ直クシ、義以テ外ヲ方ニス、敬義立テバ徳孤ナラズ」と結びつけ「敬義夾持《きょうじ》スレバ、出入悖《もと》ルコトナシ」とした。そして自ら「敬義」とも号した。

さてこうなると少々問題である。というのは自己の内なる「敬義」はただに一身修養の「工夫」ではなく、「敬義内外」一致となり、自己の内なる「敬義」はそのまま自己の外を、広くは社会を、国家を強制的に律する基本になってくるからである。こうなれば二・二六事件的な「自己の内なる義という感情を絶対化してこれを一方的に社会に押し広める」のが「信ずるものはただ誠《まこと》」であるとする短絡人間が出てきて不思議ではない。もちろん闇斎はそのような短絡人間ではなかったが、弟子を律する態度にこれが現われて不思議ではない。そしてここに日本独特の「教祖的絶対化」を生ずるのである。

このように「敬義」絶対で「内外一致」で、自らの内なる「義」がそのまま外の秩序であらねばならぬとして、彼がその秩序をまず弟子に求めたのは当然である。彼の講義の様子を記したものを読むと、今は数少なくなった内村鑑三の弟子たちが語るあの聖書講義の雰囲気と不思議なほど似ているのに驚く。「闇斎天性峭厳《しょうげん》、師弟の間、儼《げん》として君臣の如し。教を受くる者、貴卿巨子と雖《いえど》も、之を眼底に置かず。其の書を講ずる、音《おん》吐《と》鐘の如く、面容怒るが如し。聴徒凜然《りんぜん》、敢《あえ》て仰ぎ見るなし。諸生毎《つね》に窃《ひそか》に相告げて曰く、吾儕《われら》未《いま》だ伉儷《こうれい》を得ず、情欲の感、時に動きて自ら制する能《あた》わず。則ち瞑目《めいもく》して一たび先生を想えば、欲念頓《とみ》に消え、寒からずして而《しか》も慄《りつ》すと」。いわばその態度は、思い出しただけで一種の戦慄を感ずるほどであった。

日本に於ける教師の一タイプであろう。この伝統はおそらく禅からも来ており、学ぶとは知識を与えられることよりもむしろ宗教的修行であるという発想がその背後にあるものと思われる。そしてこの雰囲気は、町人学者石田梅岩が「月次会《つきなみかい》」というセミナーで、弟子たちと自由に討論して共同で結論を出したような世界とは全く別であり、師に向って論争を挑むなどということは、はじめから許されないこと、それはただちに破門を意味していた。従って弟子たちはただ戦々兢々として師の言葉に耳を傾けた。崎門三傑の一人佐藤直方は、後にこのように言ったという。「昔闇斎に師事し、其家に到り戸に入る毎《ごと》に、心緒惴々《しんちょずいずい》として獄に下るが如し。退いて戸を出《い》ずるに及べば、則ち大息して虎口を脱するに似たり」と。

とは言っても彼の塾は元来私塾であり、行く義務はないから、このような状態なら弟子がいなくなるかと思えばそうではない。酷評によれば「資質褊急麁厲《それい》、才を負うて倨傲」なる人物に、何ともいえぬ魅力があったものと思われる。その一つは本人自らも弟子以上に精進しており、弟子たちが彼こそ「道学の正義を発明して、万世不易の準則となす」その人だと信じたことであり、同時にそう信じさせるものを彼がもっていたからであろう。ある意味では「崎門教教祖」である。

闇斎先生人となり、平生他の嗜好《しこう》なく、一味学に志し、未だ嘗《かっ》て俗人と交《まじわ》らず。温和の気象に足らずと雖《いえど》も、志《こころざし》剛にして行を制すること苟《いやしく》もせず。専ら此道を明らかにするを以て己れが任となし、死して後止む。学んで厭《いと》わず、教えて倦《う》まざるに庶《ち》幾《か》きものか。其志の如きは、藩国に仕えず、王侯に屈せず、後学を誘引して、此学を将来に伝えんと欲するのみ。実に本邦の一人にして、其程朱に功あること、世未だ其比を覩《み》ざるなり。（遊佐木斎《ゆさぼくさい》）

朱書の我邦に来たる、已《すで》に数百年、之を読むもの、亦《また》豈《あ》に少なからんや。然《しか》れども未だ道学の正義を発明して、万世不易の準則となすを識《し》るものあるを聞かず。近世独り山崎敬義（闇斎）先生、其書を読み、其人を尊び、其学を講ず。博文の富なる、議論の実なる、識見の高き、実に世儒の及ぶ所にあらず。蓋《けだ》し我邦儒学正派の道唱なり。（佐藤直方）

闇斎先生世に功あること、勝《あ》げて言うべからざるなり。今日の学者、邪径《じゃけい》を去りて、正路に赴くを知るもの、皆先生の功なり。（三宅尚斎）

いずれも彼に心酔した弟子たちの評価である。もっとも闇斎自身、必ずしも峻厳一辺倒でなく、弟子が学問に精を出していると聞けば涙を流して喜ぶという一面があり、また直方も「先生に叱られ、二度行くまいと思えど、色々親切なることを云わるれば、いとしい」と語っている。こういう面もあったであろう。考えてみれば内村にもその面があり、彼と直接に接した人が、その文章からは知り得ない一面として必ず口にするのがこの種のあたたかみと、たくまざるユーモアである。だが同時にその周囲のものが「或は懟《うら》み、或は慍《いか》り、或は鄙《いや》しみ、或は憎み、始終、全交の人なし」はこれまた内村にとってもそのまま事実であった。闇斎の場合、彼と最もよく資質が似、また彼の後継者ともいえる浅見絅斎もまた彼のもとを去った。だが闇斎の死後、それを悔い、香を焚《た》いてその罪を謝したという。これなどはまさに、内村に最も嘱望され、後継者と目された高弟との関係とそっくりである。

ただ絅斎が去ったのは、感情的対立よりむしろ、晩年に神道に走った師のもとを去ったということであろう。そして興味深いことは、蕃山も素行も闇斎も晩年には神道に向うか神道的になるかの道を歩んでいることである。それがなぜかはいずれ論ずるとして、まずここで闇斎の歴史的役割を考えるなら、それは朱子学を土着化して崎門学とし、それを儒学者たちの観念の世界における議論から、現実に機能する規範とした——少なくとも規範とする基を開いたということである。その点前記の「道学の正義を発明して、万世不易の準則となす」の批評はいささか過大評価とはいえ、基本的には正しいと言わねばならない。

ではその規範に革命に通ずる要素があったのであろうか。面白いことに表面的にはむしろこれが逆であり、彼の大きな特色は中国的な革命思想の否定すなわち「湯武《とうぶ》放伐論」の拒否なのである。

周は旧邦と雖《いえど》も、其の命維《こ》れ新にして、而《しか》も殷《いん》に服事す。此れ文王の至徳、天地の大経なり。湯武《とうぶ》の革命、天に順《したが》い人に応ず。是れ古今の大権なり。三代の後、漢唐宋明、之を盛世と称す。然も溥《ふ》天王土《てんおうど》、率土《そっと》王臣たれば、則ち漢高は秦の民に非ずや。唐高は隋の臣にあらずや。宋祖、明祖は周元の臣民にあらずや。孔子は武未だ善を尽さずという、亦《また》殷の臣なればなり。夫《そ》れ天吏、猶斯《なおこの》義を免れず、矧《いわ》んや漢唐宋明権謀の主をや。

この論を三宅尚斎は「山崎先生湯武論のこと、程朱といえども、未発という程のきればなれた論」としているが、今の人には何のことやらよくわからないであろう。これを現代的に言いなおせば、朱子学の正統論には矛盾があるという指摘なのである。出来た王朝は正統性をもち、これに対する叛逆は許されざることという。だがそういうなら、その王朝を建てた者はみな叛逆者ではないか。すなわち「漢高は秦の民に非ずや。唐高は隋の臣にあらずや。宋祖、明祖は周元の臣民にあらずや」で、いわゆる新王朝の「高祖」すなわち漢の高祖も唐の高祖もそれぞれ秦と隋の臣民であり、この点では宋も明も同じであって、王朝を建てた者はみな叛逆者ではないか。では一体なぜ叛逆者が正統性を主張し、これへの叛逆者を賊といえるのか、これでは論理の矛盾ではないか、一体どこに大義名分があるのか、ということになる。ではこの論を矛盾として否定するとどうなるか、それは革命の否定である。従ってこれが、その時点における秩序の学として機能するならば、幕府にとって危険な説どころか有難い説、さらにこの革命否定の朱子学を個人倫理として三綱（君臣・父子・夫婦の道）を絶対化すれば、戦国の凍結体制をそのまま保持する統合の原理になるから、幕府は大賛成であって不思議ではない。これを表面的に見れば闇斎の説もまた素行に劣らぬ体制の学であり、彼が真摯であればあるほど、結果に於ては、林家以上の御用学問となってよいはずである。

だが、この論をさらに一歩進めればどうなるであろう。師のこの論をさらに徹底させた弟子の絅斎では以下のようになっていく。「正統の義、簒臣《さんしん》、賊后《ぞくこう》、夷狄《いてき》、是を正統とすべからざること、方正学一代の名論ぞ。さて正学の云い足らぬ処がある。是なれば此の三の外は、天下を円めて、穏かに治めさえすれば、正統とする合点ぞ。漢唐宋の類《たぐい》是なり。是等《これら》とても根を推《お》せば、大義皆欠けて居る。唐の高祖は隋の臣なり、宋の太祖はまざ〳〵後周世宗の臣下、無理に天下を奪い取ったぞ。されば大義の欠けたる段は、右三の者（簒臣・賊后・夷狄）と、さのみ違いはなし。周の武王を始めとして、主の国を伐取ったる者也」（傍点筆者）。さてこうなると、中国の王朝はみな「簒臣・賊后・夷狄」と同じものが開いたことになるから、正統性をもつ王朝はなくなり、中国自体が「中国ならぬ夷狄の支配する国」になってしまう。

では、朱子学を論理的につめて行き「きれはなれた論」をするとそうなるのであろうか。それはどう考えてもおかしなことで、この議論は「程朱といえども、未発」であって不思議ではない。絅斎は『通鑑綱目《つがん》』の正統論について次のような批評を下す。

それで綱目の例、天下を円《まる》めたる者は、何であろうと夫《それ》を面《おもて》に立て、甲子を系《たど》りて、天下の事を記録するぞ。其末に其の正統へ対して、謀叛を起す者あれば、それを賊と会釈《あいしら》うぞ。何程衰えてわずかなる体《てい》になるとても、其の正統の子孫の絶えぬ間は、必ず正統にして釣り置《おく》、是が綱目全体の旨ぞ。正学のみならず、朱子以後に紛々として正統の論がある。皆自然のなりを知らずして、吾が見立にて正統とするの、せぬのとて、吟味する程に、皆そでないことぞ。綱目は何の事もない、ありなりに就《つい》て極めたものぞ。

このあたりからぼつぼつ幕府にとって危険な思想になってくるはずである。というのは「天下を円めたる者」はそれだけで正統性をもつとは言えないという議論になり、これをさらに推し進めれば「一体なぜ、徳川氏が天下を治めているのか。徳川氏がなぜ、統治権を行使し得る正統性をもつといえるのか」という方向に進んで不思議でないからである。だが中国に発生した朱子学は、すべてを闇斎や絅斎のように割り切るはずはない。そこで何をもって正統とするかについて「紛々として、正統の論」があって不思議ではない。そしてその矛盾をいかに解決するかがすなわち「学」であろう。

だがこの発想は今も昔も日本にはないであろう。何らかの正統性を標榜《ひょうぼう》するか表現するらしき言葉を聞けば無条件にそれに感動する。「人民の名によって」などという言葉が出てくれば、それがいかなるシステムによって現実化しているか、それを現実化するため、その国にどのような制度があるのか、それを樹立するためどのような「紛々とした」議論があるかなどははじめから問題とせずに感動し、その評語を口にする指導者が「天下を円めて」いる間は、それを絶対化してしまう。「文化大革命」時の新聞記事を読むと「浅見絅斎よりはるかに幼稚だな」と思わざるを得ない。と同時にそれが批判され、法治的体制すらなかったことが明らかにされても、自分のいかなる思想的論拠がかくも強い支持を毛沢東におくりかつその死を悼んだかを自ら検討することもなく、「天下を円めて」いるなら正統性があるではないかと次の支配者に拍手を送ってケロリとしてしまう。ここまで徹底すればみごとなのかも知れないが、それは自己に対象把握の基準もなく、批評しかつ判断を下すべき論拠もないという点で全く内容空白であり、一方、闇斎と絅斎は少なくとも基準はもっていたと思わざるを得ないからである。

　絅斎は朱子以後の中国の「正統論」の以上の矛盾を見逃さなかった。そしてその結論は「綱目は何の事もない、ありなりに就《つい》て極めたものぞ」であり、それが決して一つの基本原則であるはずはないと断じ、「夫《それ》で動かぬぞ。総じて大義の全体の準は勿論明《あきらか》だぞ。故に綱目に正統とある程にとて、朱子が根から許して置かれたと思うは、僻事《ひがごと》也」（傍点筆者）と断定し、論理的整合性を究極まで求めるのである。だがこれは、すでに朱子学でなくまさに「崎門学」であろう。

では何が正しいのか。何が正統性をもっているのか。「武王周公殷《いん》に克《か》ち、礼を制し政《まつりごと》を立て、沢《たく》生民に洽《あまね》く、威《い》四海に加わる。世祚《せいそ》の永き、八百余年、盛なりと謂《い》いつべし。誓誥《せいこう》の策、風雅の典、富めりと謂いつべし。而かも終《つい》に天下万世をして、凛然《りんぜん》名分大義の厳、得て犯すべからず、慚徳《ざんとく》口実の責《せめ》、得て乱すべからざるを知らしめ、而して天壌処を易《か》え、人類断滅に至らざる者、則ち特に西山餓死の両匹夫にあるのみ」という結論になる。すなわち王権を簒奪《さんだつ》した「周の粟《ぞく》」を食わず、会稽《かいけい》山で餓死した伯夷《はくい》・叔斉《しゅくせい》の方がはるかに偉大で、こういう人こそ、たとえ餓死しても「人類断滅に至らざる者」なのである。

では朱子は間違っていると絅斎は批判しているのであろうか。そうではない。『通鑑綱目』は簡単にいえば、天下を統一した者を正統とし、それに反抗した者を賊としている『資治通鑑《しじつがん》』への批判として著わされた。『資治通鑑』のような立場に立てばそれなりに問題はないが、『通鑑綱目』には前述のように矛盾があり、それが朱子の本意とは思われない。ただ中国にはその例がないから、その「史実」における極限を追究しているだけで、彼にもその背後に「万世一系の帝系」がもしあれば、これを正統とすべきであるという「理念」があったはずで、それがない限り彼のように正統論が出るはずはなく、従って「綱目に正統」とあるからといって「朱子が根から許して置かれた」と思えば、それはまちがいであると結論するのである。さてこうなると奇妙な結論にならざるを得ない、すなわち――もし朱子が日本の天皇を知っていたならば、これこそ、人類史上に於ける唯一の正統性をもつ帝王である、と定義するであろうと。

闇斎から出て、さらにそれを論理的に推し進めれば、絅斎のような結論が出てくるのは、皮肉なことに「論理的必然」なのである。だが体制の学としての「林学」は、このように論理的に割り切ることはできない。と言って朱子学を否定するわけにはいかない。この奇妙な関係は「社会党と社会主義協会」のようなものであろう。社会党が「資本主義憲法絶対」を標榜する議会政党であるならば、それは「体制」の党であり、与党であれ野党であれ、体制内の党として機能しなければならない。とすればその「社会主義」なるものは党もしくはその支持者の「統合《インテグレーション》」の原理として「空気」的に作用してくれれば、自らの運営はあくまでも資本主義社会の議会政党としての運営であってよく、それを否定するなら、議会政党である自己を否定しなければならなくなる。だがそれをすれば党として存立し得ない。この矛盾を無視して「南学」的な社会主義協会による批判が、闇斎の林家批判のように鋭くなって不思議ではない。しかし社会主義を標榜している以上、それを完全には否定し得ないという矛盾である。従って、林家もまた南学をどうにもできない。まことに「天下を円めて」後にそれに正統性を付与しようとした者は、こまった矛盾に陥らざるを得ないのである。

さらにこまったことは、闇斎の弟子である絅斎もまた決して体制の変革者として現われなかったことである。彼は、まず個人の変革をすなわち崎門学という擬似宗教への帰依とそれによる回心《コンヴァージョン》を求めた。この点では闇斎をそのまま継承している。そしてこの回心は、湯武放伐論の否定を基としているがゆえに、ある面では「体制護持」的に作用すると見えるから、ますます始末が悪い。だがそれが個人の倫理的規範となった場合、きわめて危険な様相を呈して不思議ではない。彼の門人若林新七（強斎）の門人の松岡多助が、他の者と湯武放伐について議論をした。その者は湯武放伐論を正しいとしたという。松岡が帰ってこのことを若林につげると、彼は言った。「我邦《わがくに》放伐す可《べ》しと言う者あらば、卿《けい》何ぞ其人を戮《りく》せずして還《かえ》るや」と。そんなことを言うやつはぶった斬ってしまえであり、こうなればもう論争はあり得ず、これを認める者は逆賊としてすべて即座に殺してよいことになる。ここからは、あの維新の志士への道はすでに一歩である。そしてこのようなエトスの変換があった場合、それが社会の変革へと進んで不思議ではない。徳川幕府ははじまったばかりである。それなのに、幕府を崩壊させる「維新の芽」はすでに出てきていた。そして皮肉なことにこの種を蒔《ま》いた者は実は幕府自身だったのである。

だが闇斎の言葉を説明するために、少し先に進みすぎたようである。絅斎についてはさらに後述するとして、ここでもう一度闇斎にもどろう。彼は後に神道に走る。しかしこれは彼だけでなく、『中朝事実』的ムードは、多くの人を、朱子学の徒として、そのまま神道に走らすという、まことに面白い結果を生じている。蕃山も素行も闇斎もこの点では同じであり、徳川光圀も保科正之も変りはなく、林道春でさえ例外でなかった。といっても別に驚くにあたらないであろう――何でも神道と習合してしまうのは日本の伝統であり、明治のキリスト教徒にも、神道キリスト教習合思想をもった者はいくらでもいたからである。そして戦時中のこれらの派に対する批判が、一種の軍部への屈服、体制迎合、戦争協力への批判という形で戦後になされているが、この問題はそういう批判よりはるかに大きい問題を含んでおり、その証拠に批判している人間の論拠も実は似たようなものなのである。従ってその究明はまず、少なくとも近代に於ては、朱子学と神道の習合から探究すべき問題である。

　水土論者の蕃山が神道を尊んでもそれは不思議ではない。水土が違えば思想は違って当然であり、仏教が日本に残り得たのは日本の水土と合致する面があったからにすぎない。従って彼が「釈迦もし聡明の人にて、中国、日本へ渡られ候わば、茫然として新に生れたるが如く、後生輪廻《りんね》の見も、何もわすれらるべく候。唐土ならば聖人を師とし、日本ならば神道に従わるべく候」と言い、また「中夏の聖人を日本へ渡し候わば……儒道と申す名も聖学と云う語も、被ㇾ仰間《おおせられま》敷《じく》候。其ままに、日本の神道を崇《あが》め、王法を尊びて、廃《すた》れたるを明らかにし、絶《たえ》たるを興させ給うて、二度神代の風かえり可ㇾ申《もうすべく》候」

と言ったとてそれも不思議ではない。これはキリストが日本に生れれば親鸞《しんらん》のようになったであろうという所説と同じものであり、外国の思想の研究に専念していた日本人がその老後にしばしば到達する結論であり、内村鑑三とてその例外ではない。これは、「聖書之研究」誌の、晩年の号を見れば明らかであろう。

だが、以上の朱子学神道習合論者の所説を全部紹介しても意味はないので、一応これを闇斎に代表させよう。というのは彼の場合は出発点は仏教で、儒教に転じ、晩年また神道に転じて前記の仁斎の批評を生んでいるからである。その点で闇斎はまことに日本的日本人であり、ある意味では「一典型」と言ってよいと思うからである。

闇斎は仏教から出たが、仏教は徹底的に排撃した。いわば神儒習合かつ排仏であり、その論法を見ていくと、明治における廃仏毀釈《きしやく》のはじまりは闇斎にあると言ってよい。また彼の儒教は少なくとも主観的には朱子のみで、朱子への批判は一切これを許さず、朱子にやや批判的であった高名な陸象山《りくしようざん》を平然と俗儒と言い捨て、さらに『聖教要録』による素行の赤穂配流《はいる》が彼に由るのでは、と言われるわけである。となれば林家などははじめから問題にするに足らぬ俗儒である。だが朱子を絶対化することは、彼にとってもまた日本を絶対化することであり、それは朱子学の彼なりの一帰結として当然なことは、彼の後継者である絅斎に明確に出ている。これについては前述した。となれば彼が次のように言ったとてそれは不思議ではあるまい。「本邦の耶蘇《ヤソ》に陥る者、渾《すべ》て義なし。

地を蛮夷に与えて、本邦を窺窬《きゆ》せしむるのみ。儒者の孔孟を尊崇する、猶《な》お天主に事《つか》うるが如し。嘉《か》（闇斎すなわち自分）は儒と雖《いえど》も、孔孟の徒、我国に来り寇《あだ》せば、我何ぞ之を避けん」と。いわば、孔孟を絶対化している者は、キリシタンが天主を絶対化して、日本を絶対化していないのと同じだといい、自分は、儒者であっても、そうではない旨を強調している。

これは、自国の正統性《レジティマシイ》を自己の伝統または伝統的思想に従って確立し、それに基づく統合《インテグレーション》の原理を体系的に構成することをしない者が、必ず陥る矛盾の一つである。というのはそれをすることを当然とする中国人はもちろんギリシア人、インド人、ユダヤ人も、またイスラム教徒であれキリスト教徒であれ、アメリカ人であれ、こんなことを言う必要は全くなく、なぜそんなことを言わねばならぬかを想像もできないであろう。だが、輸入の思想で正統性を証明しようとする者は、今でも同じことになるし、現になっている。たとえば、もし共産主義や社会主義を絶対化し、それに基づく「人民の名において」に正統性ありとし、さらにその主義による解放を統合の原理とするならば、その解放軍が日本に押し寄せたとき、何によってこれに対抗するかという問題は否応なく生ずるからである。たとえば解放軍が中国を解放し、さらに北ベトナム軍が南を解放し、中国が義勇軍を送って北朝鮮が南を解放するのを援助してよく、さらにこれに声援を送っているなら、当然に、日本にも義勇軍を送って日本を解放することも心から歓迎すべきであって、これに抵抗することは、「人民の名によって」許されざることである。そしてそれに不満な者はボート・ピープルとして太平洋にたたき出してよいはずである。この点最近の新聞は仮面をかぶっているが、新聞協会報などに出てくる本心からの議論では、「記者の言論の自由」が保障されているから、公式の人道論とはまた別のものがあることを知ることができる。そして論理的に見ればこの方が正しいのであり、解放に心から拍手を送り、これを「歴史の流れ」として肯定した新聞がそれから生じた結果を否定することはもちろん「日本だけは例外である」ということすら、一つの矛盾であろう。彼らの解放が歓迎さるべきことなら、日本の解放もまた歓迎さるべきことのはずである。

この矛盾は当然に、当時の儒者にも存在し「孔孟を尊崇する、猶お天主に事《つか》うるが如し」ならば、孔孟軍に「解放・教化」してもらって蛮夷の国から聖人の国に昇格することはむしろ歓迎すべきことのはずである。闇斎は弟子に問うて言った。「嘗《か》って群弟子に問うて曰く、方今彼邦《かのくに》、孔子を以て大将とし、孟子を副将とし、数万騎を率い、来りて我が邦を攻めば、則ち吾が党孔孟の道を学ぶもの、之を如何となすかと。弟子咸《みな》答うる能《あた》わず。曰く。小子為《な》す所を知らず、願わくは其説を聞かん」。こうなって当然である。南ベトナムの解放を歓迎し、韓国の解放をも内心では願っているものが、日本の解放を否定できるわけがない。と言って、そのときは堂々と解放を受け入れ、「威厳をもって降伏すべきである」という勇気がないものは、この群弟子たちと同じ返答しかできないであろう。従って森嶋教授の論に新聞が何一つ言えなくて当然である。これに対して闇斎は次のように言った。「不幸にして若《も》し此厄《このやく》に逢《あ》わば、則ち吾が党身《み》に堅を被《こうむ》り、手に鋭を執《と》り、之と一戦して孔孟を擒《とりこ》にし、以て国恩に報ぜん。此《これ》即ち孔孟の道なり」と。しかしこの最後の言葉は詭弁《きべん》である。

以上の言葉は闇斎が一種の「民族主義的儒者」であったことを示している。これは民族主義的共産主義と非常に似た位置にあるが、中国から見れば一種の異端であろう。というのはそれはあくまでも中国に発生した思想であり、日本に発生した思想ではない。従って儒者が孔孟に抵抗してこれを捕虜とするという発想自体が「キリスト教徒だからキリストを十字架につける、これがキリストの教えである」といった奇妙なもので、こういう発想が絶対化すれば、それはその思想の中心的な存在にとっては、異端としか言いようがなく、これ以上にこまった存在はないであろう。いずれの国であれ、「異端の罪は異教の罪よりも重い」のである。従って崎門学とは朱子から見れば異端であったろう。

異端者である彼にもまた「日本＝中国論」があった。だがそれは素行と違って、「彼も中国、またわれも中国」という発想であり、中心なき相対論になっている。これを彼は「豊葦原中国《とよあしはらのなかつくに》」という言葉に求め、この言葉のゆえに日本もまた「中国《なかつくに》」であるとして次のように論じている。「中国の名、各国自ら言えば、則ち我は是《これ》中にして四外は夷なり。是故に、我は豊葦原中国と曰《い》う。……程子天地を論じて曰く、地形高下あり、適《ゆ》くとして中たらざるはなしと」。こう言えば、あらゆる国は中国であり、それぞれがその周辺を外夷と言っているわけで、中国だけが中国ではないことになる。この日中対等論もまた後に絅斎によって敷衍《ふえん》されかつ完成させられるが、当時の東アジアでこのような「各国対等論」が生れたのは面白い。

というのはこれは現在では国際法の原則である。しかしかつての東アジアの国際法は――それを国際法と言いうるなら――このように、主権国家はすべて対等といった発想はなく、あくまでも中国が中心だったからである。従って対等の貿易はなく、中国に対しては朝貢であった。もっともこの際は下賜品も多く、経済的負担にはならないから、という理由で、これが本質的には貿易に等しかったという人がいる。経済的にはそうであるかも知れないが、それゆえ、その国際法的な相互位置が現在と同じで、相互に対等を原則とする国際法的秩序があったかの如くに言うなら、それは誤りである。

その状態において闇斎のように対等を主張するなら、それは単に水土論では片づかず、思想的対等の主張乃至はその自己証明へと進まざるを得ない。ということは、一方では、朱子学を論理的に推し進め、それが理想とすべき体制は中国になく日本にあると証明し、一方では、神道そのものをこの形の朱子学――ということは崎門学――で体系づけ、両者を一体化して神儒習合の学へと進んで不思議でない。従って以上に記した熱烈な〝朱子学者〟が同時にみな熱烈な〝神道信奉者〟であって当然である。だがそうなって、それに若林新七のような個人的規範の徹底化が加われば、体制変革の思想となって、実際に社会に機能してくる。もちろんそれに先んじて、これがエトスの転換とならない限り、その思想が現実に動き出さず、空論で終るから、まずそれへの模範例を示し、このように行動すべきだという規範が確立されねばならない。それは後述するように絅斎が行ったわけだが、まことに奇妙だが、幕府の重鎮保科正之の師は、非常に奇妙な形で、しかも論理的には当然の帰結として、革新として作用する思想を形成していたのである。そして本人もそれを意識していない点こそ、まさに日本的というべきであろう。そしてそこでは、絅斎的規範と闇斎的朱子学的神道なるものの、国家主義的習合が行われる。それはこの人たちの予測を越えて機能しはじめるわけである。

だが、少々話が横道にそれたようである。では次に闇斎の朱子学的神道なるものへと論を進めよう。

国家神道という発想

山崎闇斎《あんさい》のように理づめの人間が晩年に神道に走り、垂加《すいか》神道という一派を起したなどということは、いま考えると少々不思議な気もする。しかしこれを同時代の中で見ると、そういう現象が起っても不思議でないような、一種の神道ムードともいうべきものの高まった時代であったこともまた事実である。あらゆる人間は「時代の子」であり、従って闇斎はもとより、蕃山《ばんざん》、素行《そこう》も、また光圀も正之も、さらに林道春もまた神道の影響を強く受けていた。では一体、朱子学と神道とがどのような関係で共に興り、神儒習合ともいうべき不思議な現象が起ったのであろうか。だがそれを探究する前に「神道」とは一体何かを徳川時代に主点を置きつつ概説しなければなるまい。

「神道」——この言葉ぐらい定義しにくい言葉はなく、その内容ぐらい模糊《もこ》として捉えがたいものはなく、時代によりまた人によりその定義・内容は常に一定しない。古くは「宗教もしくは宗教的と言われるもの」を総称した言葉であったらしいが、仏教の伝来とともに、まずこれとの対立的な意味で伝統的な日本の宗教を総称する言葉になっている。ところが奈良朝末期にはすでに神仏習合説が出、平安朝末期に本地垂迹説《ほんじすいじやく》が出てくる。もっともこれらの説をさらに古く歴史的過去へさかのぼらせることも可能であろうが、機能しはじめるのは大体以上のころと見てよいであろう。そしてこの説は神道の側から起らず、常に仏教の側から起っており、いずれも仏を主とし神を従としている。そしてこれは旧仏教が新仏教を排撃する手段ともなっていた。

その理論づけが本地垂迹説である。言うまでもなくこの説は、神と仏は本来同一で、本地はインドの仏だが衆生済度《しゆじようさいど》のために迹《あと》を日本に垂れたのが神だという説で、仏主神従であり、仏教が神道を取りこもうとした説である。従ってこれをも神道と言うのは少々奇妙でむしろ仏教の一派だが、両部神道とか山王神道とか言われるものがこれで、前者は密教、後者は天台の教義に基づく神道である。従って神道の一派を仏教の僧侶が立てても別に不思議ではない。この山王神道から山王一実《さんのういちじつ》神道という一派を立てたのが家康の師の南光坊天海であった。これがいわば徳川時代のはじまりの神道である。

この天海がただひとり家康の遺言を聞いたとして、彼の伝記には次のように記されている。

元和二年家康公、駿府の城に於て異例の床に就く。天海僧正を請じて曰く、死生命あり、強《し》いて嘆惜すべきものにあらず。われすでに古稀の歳におよび、累算乏しきにあらず。久しく天下を領して高貴に居り、世を秀忠に譲りて子孫に流る。この故に思いなく、慮《おもんぱか》りなし。深く法恩を受けて真俗に昧《くら》からず。現世後生安穏善所の楽み、ひとえにこれ師の庇《かば》うところにあらずや。粉骨砕身も以て酬《むくい》とするに足らず。それ山王一実神道、久しくその功徳を得、今更に請益せんことを欲する所以《ゆえん》のものは何ぞ。歿後の日、必ず神力を現し、よろしく守護を加え、一には子葉孫枝をして、永く繁茂せしめん。二には仏種日種をして、綿々として断絶せざらしめん。三には天下の武運をして、永く不詳を呵護《かご》せしめんもの也と。海師感に耐えず、涕泗漣如《ていしれんじょ》たり。答えて曰く、君久しく天下を掌《つかさ》どり給う、一旦のよくする所にあらず。宿《つと》に徳本を植《た》て今日あるを得たり。善根なんぞ末日の秀発をえざらんや、誠にこれ理の常なり。諸仏救世は、大神通に住《とどま》る。衆生に説くために故《ことさ》らに、無量の神力を現す。此句を以て発軫《はっしん》となし、両部習合の神通、要路を以て説きつくす。(傍点筆者)

と。こうなると、天海が仏教なのか神道なのか少々わからなくなる。ここで、家康の葬儀をめぐって天海と崇伝の争いとなり、本多正純が「御前といい、まして御哀傷の折から、かかること申し出せる咎《とが》いと重し。南光坊をば、急ぎ遠島に流してんとて、座を引き立てければ……」ということになった。しかし結局これは、その場をおさめる方便であったらしい。「海師は坐を立てられ、遠流を今日か明日かと待ち給いしに、柳営は城にかえらせ給うとて一日、何やらん僧正と崇伝と問答せしこと聞分けはべらず、僧正江戸へ参るべし、聞し召さんとありしかば、喜びて参り給いしに、召し出し有様《ありよう》問わせ給いければ、御遺言の旨、詳しくのたまいしに、大樹（秀忠）仰せけるは、われ愚昧なれば神道の事いざ知らず。されど相国（家康）は仏の道に心を入れさせ給えり。神と仏と一つの道あらば、それこそ亡き親の御心にかなわめ、とにかく知らぬ道なれば、内へ伺いてんとて、源（板倉）重昌を御使として、林永喜といえる儒学の者さし添え、僧正のぼり給いて奏聞せしに、習合の神道珍しからず、殊に山王一実の神道、台宗の奥義とすること、さもはべらんとの綸言《りんげん》にて、習合の旧記など賜わさせ給う」ということでこの件は落着した。

以後は天海の一人芝居である。何しろ彼だけが家康の遺言を聞いたことになっているから反対者はいない。日光の東照宮が神道の「神社」であるなら、当然に吉田家の出の梵舜《ぼんしゅん》の意見通りになるはずだが、そうはならない。幕府も一応は梵舜を江戸に呼んでその意見をきいた。要は家康の神号を「権現」とするか「大明神」とするか、この称号の上下はどうなのか、である。梵舜は両者に上下優劣はないが、権現は陰陽両尊の神号だから家康にふさわしくない。大明神の尊号を奉り、魚鳥を供えて祭祀するのが当然であると主張した。しかし天海は、大明神は豊国の先例があるから面白くないと秀忠はじめ一同はこれに賛成し、すべてが天海流の神道で行われることになった。天海はこれによって山王一実の神道を日本の国教にしようとしたのだとも言われるが、神道・仏教を別の宗教と考えるなら実に奇妙な話である。だが当時の人びとは別にこれを不思議と思わなかった。

徳川時代には、天海から民衆まで、神道・仏教を別の宗教と考えていなかったことは、徳川時代の終りすなわち明治元年に出た神仏判然令を見ても明らかであろう。この内容は、それまでまことに判然としなかったことの証拠にすぎない。次に引用しよう。

神祇《じんぎ》事務局ヨリ諸社へ達　元年三月十七日

今般王制復古旧弊御一洗被為在候ニ付、諸国大小ノ神社ニ於テ、僧形ニテ別当或ハ社僧抔《など》ト相唱へ候輩ハ、復飾被仰出候、若シ復飾ノ儀、無余儀差支有之分ハ可申出候、仍《よっ》テ此段可相心得候事（以下略）

布告　元年三月二十八日

一、中古以来、某権現或ハ牛頭天王之類、其外仏語ヲ以神号ニ相称候神社、不少候、何レモ其神社之由緒委細ニ書付、早々可申出候事（以下略）

一、仏像ヲ以テ神体ト致候神社ハ以来相改可申候事（以下略）

達　元年閏四月四日
今般諸国大小之神社ニオイテ、神仏混淆《こんこう》之儀ハ御廃止ニ相成候ニ付、別当社僧之輩ハ、還俗《げんぞく》之上神主社人等之称号ニ相転、神道ヲ以勤仕可致候、若亦無拠《もしまたよんどころなく》差支有之、且ハ仏教信仰ニテ還俗之儀不得心之輩ハ神勤相止、立退可申候事（以下略）

これがいわゆる廃仏毀釈の導火線となった。全国に広く分布していた権現はその神号を禁じられ、仏教式の建築を破壊して神道式に建てなおさねばならなくなった。仁王門、五重塔、輪蔵《りんぞう》、鐘楼などの付属建築物もまたすべて破壊されることになった。神道側は政府の意は仏教の破壊にあると思い、仏像・堂塔を破壊して得々とするものあり、また自ら仏像を焼き、経文を破壊し、仏教関係の図書その他を古物商に売り払ったものも少なくなかった。またこれを機会に寺院の廃止・整理統合を行った地方も少なくない。当時の詳細な記録を読むと日本人は宗教的に寛容だなどという説は少々あやしくなるが、問題はむしろ、政府の命令一下これが行われたことにあるであろう。そしてこのことは、ごく普通の一般的日本人が神道と仏教を別の宗教と見るようになったのは、明治以降であることを示している。

この仏主神従＝神仏混合を当然とする考え方は、何も天海の特質ではなく、彼の論敵であった崇伝も同じであった。このことは彼が起草した「伴天連追放の文」にも表われている。以下にその一部を引用しよう。「乾《けん》（天）を父となし、坤《こん》（地）を母となし、人その中間に生じ、三才（天地人）ここに定まる。それ日本はもとこれ神国なり。陰陽不測、これを名づけて神という。聖の聖なり、霊の霊なり。たれか尊崇せざらんや。いわんや人の生を得るは、ことごとく陰陽の感ずる所たるをや。五体六塵、起居動静、須臾《しゅゆ》も神を離れず。神は他に求むるに非ず、人々具足し、個々円成す。すなわちこれ神の体なり。また仏国と称する。拠る所無からず。文に曰く「これ神明応迹《おうぜき》の国、大日《だいにち》の本国なり」と。法華に曰く「諸仏救世は大神通に住す。衆生を悦ばさんために、無量の神力を現ず」と。これ金口の妙文なり。神は仏とその名を異にするも、その趣きは一なり。あたかも符節を合するが如し……」となっており、神も仏も同じ趣きのものとしている。

この「大日本国」を「大日の本国」の意味とするのは両部神道の主張であり、江戸時代を通じてほぼ仏教的解釈の主流であった。いわば真言における金剛《こんごう》界・胎蔵《たいぞう》界の両部の教理を神道にあてはめ、内宮を胎蔵界の大日如来《にょらい》、外宮を金剛界の大日如来とし、大日本国とは大日の本国だとする考え方である。彼はこの考え方のままに神仏の習合を当然としている。この考え方がキリシタン時代に特に強調されたことは否定できない。前にものべたように習合説は、何か新しい宗教――たとえば新仏教――が起って強力な伝道をはじめたときに、旧仏教が自己の正統性を主張するという形で起っている。従ってキリシタン時代に特にこれが強調されて当然であった。というのは、キリシタンと教義的に対決するのでなく、単にこれを外来の宗教として排撃すれば「そういう仏教も外来の宗教ではないか」という反撃が当然に来るからである。崇伝の前記の文章にも、この反論に予《あらかじ》め対応している姿勢がある。だがキリシタン排撃が、人びとに仏教の外来性を更《あらた》めて認識させたことは否定できない。これは前述した蕃山の水土論からも明らかであろう。

以上の歴史を見てくると、神仏習合とははじめは仏教側の発想で、神道の方から習合を求めたのではないことが明らかであり、それはそうなって当然であろう。というのは神道は文字通り「はじめからあるもの」であって、自分の方から習合を求める必要はなかったからである。そしてこれが仏教側の要請であるが故に、仏主神従という形の「神道とりこみ形」の習合になって当然である。だがこのことは、これの逆転乃至は裏返しも可能だということである。いわば「神と仏は本来同一で、本地はインドの仏だが、衆生済度のため迹《あと》を日本に垂れたのが日本の神々である」という説は、あくまでも教義《ドグマ》であって歴史的証明は不可能である。となると、これを裏返して「神と仏は本来同一で、本地は日本の神だが、衆生済度のため迹をインドに垂れたのが仏で、それが日本に還流して来たのが仏教だ」と言うことも不可能ではない。というのは歴史的証明のない教義はそのまま逆転させても、論理的な矛盾は生じないからである。これは、出てきて少しも不思議でない当然の帰結といえる。

この「裏返し本地垂迹説」ともいうべきものが伊勢神道にあったが、これをさらに推進して発展させたのが卜部《うらべ》兼倶《かねとも》（一四三五〜一五一一）であった。彼が生きた永享七年から永正八年まではいわば足利の乱世であり、彼自身は相当に山師的な、日本史には珍しい面白い人物である。彼は仏主神従を裏返しにし、それに基づいて両部神道を排斥し、それとは別に唯一宗源《ゆいいつそうげん》神道を主唱した。ある意味では神道の独立宣言とも言えるであろう。彼にはさまざまの著作があるらしいが、自分の著作といっては権威がなく、また神道の古さを証明することにはならないので、遠祖の鎌足やまた兼延らを著作者として公表したのでよくわからない。すなわち唯一宗源神道の〝聖書〟ともいうべき『名法要集』なども兼延の名にしている。だが彼の思想内容そのものは、密教の盗用であるとも言われる。いわば仏教は神道を仏主神従の形で取りこもうとして、ここで逆に神主仏従の形で取りこめられたわけである。

彼は確かに相当に山師的な人物であり、世の動乱に乗じて神道を独立させて独占し、それに基づいて日本国中の神祇をことごとく自分の支配下に置こうとした。そしてこの意味では国家神道という発想は彼にはじまると言ってよく、日本的宗教の独立宣言のような一面ももっていた。そしてこれが、外来の他宗教への従属感から日本人を脱却させる効果があり、ある意味ではそのプライドを満足させる一面があった。彼は次のように記している。「唯一は、神明の真伝、一気開闢《かいびゃく》の一法なり。大織冠《たいしょくかん》（鎌足）仰《おおせ》に曰く、わが唯一神道は、天地を以て書籍《しょじゃく》となし、日月を以て証明となす。これ則ち純一無雑の密意なり。故に儒釈道の三教を要すべからざるものなり」と。彼はこの「唯一」とは、法は一で二法はなく、流は一で二流はなく、天は一でこれを証明しているとし、さらにその一流とは卜部（吉田）家だけであるとして、次のような形でそれを主張した。

まず第一に「わが神道は、国常立尊《くにとこたちのみこと》以降、天照大神まで相うけ、大神《おおみかみ》より天児屋根《あめのこやね》命《みこと》を授け給い、爾来《じらい》今日に至るまで、一気の元水をくみて、三教（儒釈道）の一滴を嘗《な》めず。故に唯一法あるのみ」であり、第二に「天児屋根命は神事の宗源を主とすと日本書紀にあり。卜部《うらべ》は宗源卜事《ぼくじ》の大業を受け、神代附属の正脈をつぎ、神皇の師範に侍し、一代不絶の名跡たり。故に卜部の正統は、唯一流の家業を受くるものなり」としている。そして第三に「国はこれ神国、道は神道、国主は神皇なり。天照大神一神の威光、百億の世界に遍《あまね》く、一神の附属、永く万乗の王道を伝え、天に二日なく、国に二王なし。故に日神在天の時、月光星光をならべず。唯一天上の証明これなり」として、これを唯一三義の説明にしている。

しかしこう言って神道を儒仏の上にもって来たところで、その体系的内容は儒仏からの借り物にすぎない。だがこの問題も、「裏返し本地垂迹説」を援用すれば解決できる。これがいわゆる根本枝葉花実説で、これによれば前述の天児屋根命の神宣に基づく日本の固有の思想が基本で、これが日本に根ざし、まず中国に枝葉をのばし、インドに花開き、その実が落ちてまた日本に帰ったのだとする。こうすれば、神道が儒仏を援用したとて、少しも矛盾がないことになる。後代の超国家思想はほぼこのころにはじまったと見てよいであろう。以後卜部家は一貫して、全日本の神祇を自分の支配下に置くように画策し、そのため伊勢神宮から神敵とののしられるような事件を生じつつも、ほぼ目的を達したと言える。

この思想は、秀吉時代に日本人に強くアピールした。これは秀吉がインド副王に送った手紙がほぼこの唯一宗源神道に基づいているのを見てもわかる。次にその一部を引用しよう。「それわが朝は神国なり。神は心なり、森羅万象一心を出《い》でず。神に非《あら》ざればその霊生ぜず、神に非ざればその道成らず。増劫《ぞうごう》の時、この神増さず、減劫の時、この神滅ぜず。陰陽測られざるこれを神という、故に神を以て万物の根原となす。この神、竺土《じくど》にありてはこれを喚《よ》びて仏法となし、震旦《しんたん》にありては、これをもって儒道となし、日域にありては、これを神道という。神道を知れば、すなわち仏法を知り、また儒道を知る」と。この書き方は、根本枝葉花実説から見ればやや遠慮しているように見えるが、書いたのが僧承兌《しょうたい》であるから、当時の仏教徒もまたこの説を受け入れていたということであろう。そして対キリシタンともなれば、それが強く出て不思議でなく、「仏教ももとを糺せば同じ外来宗教ではないか」という反論はこれで防ぐことができる。だがこの

「神は心なり」の神には「現人神」の「神」の概念はまだない。

　言うまでもなく朱子学は、この土壌の上に、幕府の統治のための官学として、まず入ってきた。従って、当時すでに日本の神祇をほぼ押えていた唯一宗源神道との間にある種の習合が〝便宜主義的に〟生じたとて少しも不思議ではない。と同時に、林家にとっては、仏教は幕府から排除すべき敵であった。家康の側近で力を振った天海も崇伝ももちろん僧であり、いずれも神仏習合説の信奉者である。従ってその考え方は「神国＝仏国」だが、道春にとっては「神国＝儒国」であらねば自己の権威確立にはならなかった。

　このことは「現人神」への一要素を含むが、これは単に理論上の問題でなく、林家にとっては実際上の問題であったろう。家康の学問好きは有名だが、学者の地位がそれによって向上したわけではなく、学者という社会的地位が確立していたわけでもない。儒者は僧侶と一括され、この点では林家も例外ではなく、家康・秀忠・家光・家綱の四代に仕えた道春さえ法印で、僧形であった。そしてこれを打破したのが光圀である。

　この年（寛文四年＝一六六四年）御儒者小宅生順《おやけせいじゅん》に命ぜられ、密々に弘文院林氏春斎へ御遣《つかわ》さるることあり。そのわけは、中葉以降古風存せず、礼楽統《とう》なし。戦国以来、旧弊に因襲して、改めざること多し。そのもっとも歎ずべきものは、儒者の進退なり。いかんとなれば、今の儒者というもの、巫医《ふい》百工と列を同じゅうして、方技者《ほうぎしゃ》流とするに過ぎず。その甚だしきに及びては、僧官を以て官とし、僧服を以て服とするに至る。世のいわゆる老師宿儒、みな然《しか》らずということなし。ああこれ何の謂《いい》ぞや。聖賢の道を学ぶもの、いずくんぞこのことあらんや。独り林氏、経済の才を懐《いだ》き、この道を以て己が任とす。故によく言上して、初めて弘文院学士の名を給うことを得たり。林氏は義を見て勇ある者なり、たれか非《あ》らずとせんや。われ林氏のために深く之を喜ぶ。なお憾《うら》むらくはその爵秩、衣服、古人の道にあらず、大いに林氏の徳にかなわず。それ礼楽のさかんなる、みな林氏の行蔵にあり。林氏よく今日の義をはげまし、後世の弊を救い、以て非礼の服を辞し、しばらくこれに代えるに、深衣あるいは野服をもってせんことを……。

こういうわけで、林氏はまず僧服をやめ、ついで僧形をやめ、一般士人と同様になって大学頭《かみ》と言われるようになった。しかしこれは道春、春斎のときでなく、春斎の子の春常の時であり、彼が、番頭《ばんがしら》大学頭信篤《のぶあつ》と称したのは元禄四年(一六九一年)のこと、光圀が以上のように言ってから二十七年後である。このことは当時の仏教的伝統がどれだけ強固であったかを示している。従って林家にとっては、儒学独立が同時に神儒習合であって少しも不思議ではなかった。もっともこの点を、ただ便宜主義的な動機とのみ見るのは、少々問題であり、道春があくまでも歴史的に見て神仏混淆はおかしいと思ったとて、それは不思議ではない。というのは仏教には元来、儒教的な歴史という概念はない。ないが故に本地垂迹説は歴史的証明を必要としない。しかし儒教はそうでなく、特に司馬光の『資治通鑑』が日本に与えた影響は、当時、決定的だったからである。それは、戦後の一時期のような「歴史ブーム」をまき起したが、これについては後に詳述しよう。

だが歴史ブームとなれば、当時の人間が用い得た史書の中心は日本書紀であり、同時にこれは神道の〝聖書〟なのである。これは否応なく崇伝・天海の「神国＝仏国」論への再検討となる。と同時に『資治通鑑』に基づく日本史解釈は神儒習合的になるから、徹底した中国崇拝家の林道春が神社考を著わしたとて、それは別に不思議ではない。だがたとえ彼がその序に「それ本朝は神国なり」と記したとて、これはすでに「仏国」の意味でなく、むしろこれを基本として仏教を排撃しているわけである。次に引用しよう。

中世ようやく微《おとろ》う。仏氏隙《すき》に乗じて、かの西天の法を移し、わが東域の俗を変ず。王道すでに衰え、神道ようやく廃《すた》る。しかもその異端われを離れて立ちがたきをもって、ことさらに左道の説を設けて曰く、伊弉諾《いざなぎ》、伊弉冉《いざなみ》は、梵語なり。日神《ひのかみ》は大日なり。大日の本国なるがゆえに、名づけて日本国と言うと。あるいはその本地は仏にして垂迹は神なり。大権は塵に同じ、故に名づけて権現という。結縁物を利す、故に菩薩と言うと。時に王公大人、国の侯伯、刺史《しし》、信伏して悟らず。ついに神社仏寺混雑して疑わず、巫祝沙門《ふしゅくさもん》同住して共居せしむるに至る。ああ神在りて亡《な》きが如し。神もし神たらば、それ奈何《いかん》ぞや。

そしてこの結論として「こい願うは、世人わが神を崇《たっと》んでかの仏を排せんことを。しからばすなわち、国家上古の淳直《じゅんちょく》に復し、民俗内外の清浄を致す、また可ならずや」と記している。前にも記したように闇斎と道春とは互いに論敵であり、闇斎に言わせれば道春は「俗儒」にすぎない。しかしこの二人が、廃仏毀釈という点では一致している。そしてこれは、同様に道春の敵であった蕃山でも同じであった。彼は「もとより四海の師国たる天理の自然をば恥じて、西戎《せいじゅう》の仏法を用い、わが国の神を拝せずして、異国の仏を拝す。わが主人を捨てて、人の主人を君とすることをば恥とせず、そのあやまちを知るべし」と記している。この言葉は闇斎のキリシタン排撃の言葉と同じであり、キリシタンを外来の宗教として排撃した論理はそのまま仏教にも及ぶことになった。これは当然の論理的帰結であろう。

前に、闇斎の考え方から明治の廃仏毀釈まではただの一歩であると記したが、このことは幕府の御用学問の林学においても同じなのである。となればこの時代に小型廃仏毀釈が起ってもそれは不思議でない。そしてこれを不完全ながら実行したのが、闇斎の弟子保科正之であり、部分的に実施したのが光圀である。正之は次のようにした。この点で明治は徳川時代の帰結にすぎない。

同年（寛文六年＝一六六六年）秋、二十年来相建て候淫祠《いんし》仏堂、ことごとく破却被《おおせ》二仰付《つけらる》一。かつ万歳獅子おどり、そのほか常々かわりたる怪しき事をもって、渡世と致し候たぐい、御法度《ごはっと》被二仰付《おおせつけられ》一候。非法虚誕《きょたん》有罪の僧侶これある時は、御糺明の上、あるいは追院、追放、あるいはその寺破却被二仰付《おおせつけられ》一、その跡在家になされ候儀も不レ少《すくなからず》候。又列国内の何方《いずかた》に候や、一旦に寺院破却、僧侶追払《おいはらい》等申付け、何かと申す由被二聞《きこしめし》召及《およばれ》一、御物語に被レ遊《あそばされ》候は、その志はさる事に候えども、すべて甚だしき仕方は、事情に逆《さから》い、遂《と》げ行われがたきこと多きものに候。にわかに廃止致し候ようにては、門《もん》跡《ぜき》本山等にも、とやかく可レ申《もうすべく》、自然再興など致し候ては、手を付けざるには劣りたる儀に可レ有レ之《これあるべく》候。新地無住、あるいは寺僧の有罪、時々段々減少いたし候えば、何の仔細も有レ之《これある》まじき由、被レ仰《おおせられ》候。

これでみると正之の真意は、仏教の完全な一掃排滅であったことは明らかである。とは言っても彼は会津の統治の責任者であり、かつ幕閣の元老である。それを強行すれば、「甚だしき仕方は、事情に逆い、遂げ行われがたきこと」が多いので、手加減をしたというにすぎない。事実、仏教はまだ中央に大きな勢力をもち、また領内でも信徒の多いことだから、政治的配慮という点から、強行は避けねばならぬということであったろう。光圀のやり方はこれと少々違って、次のようにした。「寛文五年（一六六五年）西山公（光圀）御領内の淫祠《いんし》三千八十八御除きなされ、又縁起のたしかなる社《やしろ》をば、御修復あそばし、神職の者をも、官位、社料等、それぞれに仰付《おおせつ》けられ候。又翌年新地の寺院九百九十七御除き、三百四十四寺の僧の破戒なるをば、御諭《おんさと》しなされ候て百姓になされ候。古跡の廃寺等、みな修復、復興なされ候」と。光圀は一方では多くの寺を廃絶させ、僧侶を百姓にしているが、一方では廃寺の修復もしている。その真意は少々わかりにくいが、仏教勢力との徹底的対決を避けて、廃寺の修復もしているという態度をとったものと思われる。そして、両者の真意はともに、廃仏毀釈であっただろう。まことに面白いことだが、前述のように明治元年は、幕府がはじまると同時にはじまっているのである。

朱子学・神道一辺倒だったのは、幕府の重鎮である光圀、正之だけでなく、御三家のもう一つ、尾張の義直も同じであった。彼は一方に於ては儒教の信奉者、同時に神道の熱烈な信徒で「神祇宝典」を編纂し、神儒習合を説いて強く仏教を排斥した。この宝典の序は、彼の意をうけて林道春が記したもので神儒習合の基本的発想はその中の次の文章に表われている。すなわち「周公の礼を制し官を設くるや、大宗伯、天神、人鬼、地祇を職掌し、以て王を佐《たす》け、邦国を保つ。小宗伯神位を建つるを掌り、宗廟《そうびょう》を左にし、社稷《しやしよく》を右にす。けだし聖人の神祇を尊び、祭祀を慎しみ、人事を重んずるや、中華すでにかくの如し。本朝また宜《よろ》しく然るべし」とある。いわば敬神は聖人の法だから、日本もこれに従って神道を重んじなければならぬという考え方で、神儒習合といっても、それは理論的帰結であって、本地垂迹説のような何の裏づけもないドグマではない。従って、これに基づいて、神仏習合を排することは矛盾ではない。彼は次のようにつづける。「惟《おも》うにそれ本迹は、浮屠《ふと》（仏教徒）の説なり。神書には未だかつてこれを言わず。然りといえども、もし義をもってこれを言えば、たとえば日神を本となせば伊勢は迹たり。誉田《ほんだ》帝を本となせば八幡は迹たり。……その余はみな準じてこれを知るべし。浮屠説くところの如きにあらず。すでにその名を失すれば、すなわちその徳業を失す。神霊あらざるごときか。われ常にこれを憤るや年久し……」。いわば、仏主神従は日本の神に対する冒瀆《ぼうとく》であり、本地垂迹という考え方が正しいなら、その神が「本」で、神宮・神社の所在地が「迹」のはずだと彼は主張し、最後に朱子学と神道を次のように関係づけている。

ああ、神意人心、本これ一理なり。器を以てこれをいえば、剣璽《けんじ》鏡《きよう》なり。道を以てこれをいえば、勇信知なり。璽鏡は文なり。剣は武なり。これ日神の皇孫に授けし所《ゆえ》以《ん》、而《しこう》して累世帝王禅継《ぜんけい》即位のとき、則《のり》を取る所以のもの、ここにあらずや。もしこれを拡充すれば、尭舜《ぎようしゆん》禹の咨命《しめい》といえども、また何ぞ追尋せざらんや。すなわちこれ王道なり、儒道なり、聖賢の道なり。易にいわく、聖人神道を以て教えを設け、而して天下服すと。

これらはいずれも当時賢侯といわれた最も影響力の強い大名、特に徳川一門の考え方であり、これが全般的な風潮となってても不思議でなかった。そしてこの点では闇斎は決して先覚者ではなかった。と同時に神道の側からも当然これに対応する動きがあった。すなわち吉田流の唯一神道の中から、仏教的要素を排除する吉川惟足《きつかわこれたる》が出た。これが理学神道である。彼は天児屋根命《あめのこやねのみこと》の五十四代の嫡伝で、四重奥秘の秘伝をもつと称した。この惟足が寛文元年（一六六一年）に正之に会い、以後二人は無二の親友となり、その秘伝をことごとく正之に譲ったという。また彼は、正之と家臣に日本紀を講じている。その影響からであろう、正之は自己の死に際しても、葬儀から仏教的なものを一切排除させ、純神道式で行わせている。その遺体が江戸を出るとき僧侶が読経しようとしたが、家臣がこれを押しとどめた。これは当時幕閣でも相当な議論を呼んだらしい。もっとも前記の義直も葬儀のときにほぼ同じことをしている。そして闇斎はこの正之から影響をうけ、惟足に学んで神道に入ったのであって、この点では彼はむしろ弟子の位置にあった。

垂加（闇斎）初め神道を信ぜず、大いに貶斥《へんせき》するあり。嘗《かつ》て聞く、土津《はにつ》（正之）の臣に服部安休なる者あり。視吾《しご》（惟足）の門人なり。土津の前に於て、垂加と大極を争論す。垂加曰く、子の言う所、陰陽の大極なり、真の大極にあらざるなりと。安休すなわち土津家の老中に訴告し、垂加と日を刻して、この事を論じ終り、大いに弁難あり。垂加ここに於て神道の軽んずべからざるを悟り、帰りて出口延佳《でぐちえんか》と講習す。翌年また東武に適《ゆ》き、土津および安休らと会し、講ずるに伊勢流を以てす。土津告ぐるに卜部《うらべ》の説を以てし、視吾に学ばしむ。然《しか》れどもその実は、土津の伝うるところ多きに居る。

これは闇斎の門人谷秦山《たにしんざん》の記すところだが、これに誇張があり、それ以前にも闇斎は必ずしも神道を排斥していなかったとも言われる。しかしこれは、神道という言葉の定義によるであろう。彼が、仏主神従の両部神道的な神道を徹底的に排斥したとてそれは不思議ではない。彼は次のように記している。「在昔《ざいせき》祭祀の盛んなる、洋々乎たり。中葉ようやく衰え、胡仏《こぶつ》入り来りて神道いよいよすたれ、王道いよいよ弛《ゆる》む。蘇我《そが》氏の乱におよんで旧記ことごとく滅び、而して後、仏徒ほしいままに誣《し》い、神仏溷殽《こんこう》、神社に仏寺あらざるはなし。……独り皇大神宮、厳として仏教を忌み……」。いわば、神仏混合的神道は絶対に否定していたが、そうでなければ、むしろ尊崇していたということであろう。

その彼が神儒習合の理学神道に接してこれに帰依し、吉川惟足より垂加霊社の号を付与されても不思議ではあるまい。そしてこれによって彼は垂加神道なる一派を起した。といっても彼は儒者であることをやめたのでなく、それはむしろ朱子学の土着化としての神道であったといえる。いわばかつての仏教のように、儒教による神道とりこみとなったわけだが、これまた裏返しが可能な説であったことは否定できない。門人の跡部光海の次の記述は、彼の考え方をほぼ正確に要約しているであろう。

儒道は、すなわち西土の道なり。口授の伝なしといえども、これを書に得て以てこれを発明す。故に孔孟の中正仁義の道を悟り、程朱の居敬窮理の教えを啓《ひら》き、天人合一の徳行を示す。東西相遠く、水土国風異なるといえども、神儒の道はおのずから妙《みょう》契《けい》す。しかれども両部習合は、神道の禁戒なり。神聖の教えは、和語親切にして意また深し。口授の味い、神言の妙、西土聖賢未発の説多し。故に神を祭り、己を修め人を治むるの道、儒をからずしておのずから灼然《しゃくぜん》たり。宇宙の間に、神道のみ。道理に合うに於ては、すなわち儒をもって自ら輔翼となす。先生詳《つまびら》かにこれを説き、教えを後世に垂るるのみ。世に先生の学をそしりてこれを嘲《あざけ》る者あり、邪智醜言、実学者の心にあらず。すなわち論ずるに足らず。先生の博識英才、明智篤志、だれかこれに敵せんや。垂加霊社と号する、まことにゆえあるかな。

闇斎の生涯は、仏教にはじまり、朱子学に行き、最後に神道に行きついた。これは、この時代の風潮をそのままに表わしているとも言えるし、多くの日本人の思想的遍歴をそのままに表わしているとも言える。と同時に彼は、その各々において自らが納得し得るところまで、論理的につきつめたこともまた否定できない。しかしその行きつくところは、結局、昔と変らぬ習合説であり、それが神仏習合から神儒習合へと変ったにすぎなかった。

正統的な儒学者・佐藤直方

闇斎《あんさい》は神道に走ったが、それはその弟子たちもまた彼に従ったということではない。闇斎自身が非常に個性の強い学者であったことは、その弟子たちもまた個性が強かったということである。そして闇斎自身が最も優秀な弟子としていた佐藤直方《なおかた》と浅見絅斎《けいさい》が、この点では絶対に師と同調しようとはしなかった。そしてそれでいながら、直方と絅斎もまた全く相反する考え方をしていた。一言でいえば——といっても決してそう単純には言い切れないのだが——絅斎が「文王・拘幽操《こうゆうそう》」を絶対化し、直方はむしろ「武王・湯武《とうぶ》放伐論」を当然としていたとは言えるであろう。

ここでは、まず直方からはじめよう。この佐藤直方はすでに忘れられた人、否、崎門の中でも比較的早く忘れられた人であった。忘れられたと言って語弊があれば、後代に熱狂的な「直方派」はできなかったと言えばよい。いずれにせよ山崎門下すなわち崎門学派は闇斎・絅斎・若林強斎《きょうさい》の系統であっても決して佐藤直方系統ではなかった。俗に、

「崎門三傑」と言えば浅見絅斎・佐藤直方・三宅尚斎《しょうさい》だが、この中で直方は朱子学正統派＝教条派的であり、それなるがゆえに傍流となっていった。いわば彼は「日本的朱子学」なるものを明確に拒否し、神儒契合的な要素を絶対に排除した。といっても崎門は本来は、あらゆる意味の「習合」を排除していたはずである。だがこの「はず」が「はず」にならなかったのは、直方の次の言葉を彼以外はだれも口にできなかった点にも表われているであろう。「日ノ神ノ託宣ニ、我子孫ヲバ五百万歳守ラント被レ仰《おおせられ》タナレバ、ヨクナイコトゾ。子孫ニ不行義ヲスルモノアラバ、ケコロ（蹴殺）サウト被レ仰《おおせられ》タナレバ、ヨイコトゾ」と。

「天照大神が不行義な天皇を蹴殺す」と言っているのなら天祖神勅は立派だが、そう言っていないから「ヨクナイ」と。こういう言葉を堂々と口にした人が十七世紀にいたことは面白い。一体この言葉がなぜ「尊皇思想の祖」山崎闇斎の最高弟の口から出てきたのか。言うまでもないが中国で絶対なのは「天」であって「天子」ではない。天子が天子たるものの規範に反すれば「天」はこれを蹴殺すかも知れぬ。これから見れば、後に記すように栗山潜鋒《せんぽう》が鋭く批判した後白河法皇などは早速に蹴殺されねばならない。そしてここにヘブライズムと儒学の間に、言いかえれば欧米と中国との間に、ある種の共通性が見られるのである。この共通性が現代にも見られること、そして日本はこの共通性をもたないことは、しばしばグレゴリー・クラーク氏が指摘している。

広い意味での宗教は、それがユダヤ教であれ儒教であれ、しばしば地上の生活の反映だと言われ、神話はしばしばそのように解説される。この言葉は一面では正しいであろうが、「ハムラビ法典はバビロニア神話とは無関係」という例を引合いに出すまでもなく、一面では正しくない。というのは、地上の規範が析出され体系化され天に仮託されればそれは絶対化して、今度は逆に地上の生活を規制してくる。神話は地上の人間生活の反映といっても、以上のような形の宗教となれば、いわば法典の上に、最高神がこれをハムラビに授与するという彫像がつけば、それはもはや地上の「形」が変れば天上の「影」も変るような形に変化してはくれない。いわば「影」ではなくなってしまうのである。そしてこの析出された天の規範は絶対性をもって地上に臨み、それに違反したものは、皇帝であれ庶民であれ等しくこれを処罰する。ここではじめて、「絶対」が確立する。ただ日本の神話ではそのような「析出」は行われておらず、従って「天照大神が天皇を蹴殺す」などという発想はあり得ず、天地は無媒介的に連続している。直方にとってはそれは「ヨクナイコトゾ」であった。そしてこれを「ヨクナイコトゾ」と言わずに神儒契合となれば、天は天皇と無媒介的に一体化され、終極的には「現人神」ができてしまう。

では「天」はどのようにして「皇帝」を「蹴殺す」のか。これが「湯武放伐論」である。そして「湯武放伐論」の存在を無視せずになお、「皇統連綿」――直方はこれを下らぬものとしたが——を謳歌《おうか》しようとすれば、歴代の天皇はすべて、「蹴殺される」ようなことをしなかった聖人で仁君の理想的天子であったという「虚構の歴史」を創作しなければならなくなる。しだいにそうなって行くのだが、このような「わが国独特の国体」なるものを直方は絶対に認めようとはしなかった。教育の淵源が皇祖・皇宗にあるなどという「教育勅語」の前文を彼が読んだなら、おそらく笑い出したであろう。彼は『中国論』の末尾で日本のことを次のように記している。

日本ノ古記ヲ考ルニ、我邦、帝王ヲ始メ皆同姓ヲ娶《めとり》テ后《きさき》ニソナヘタルアリ。其外姉妹ヲ后ニ備ヘタルモアリ。是レナレバ、聖人ノ教《おしえ》ヲカレタル夫婦ノ道ニ違申候。偖《さて》臣トシテ君ヲ弑《しいし》テ、其君ノ弟ヤ子ヲ取立テ天子ニスルコト多シ。父ヲ殺サレ兄ヲ殺サレテ、其殺《ころし》タ臣ノ差図ニ付テ天子ノ位ニ備ハリテ、ソレヲ恥トハ思ハズ、讐《あだ》ヲ報ルノ義モナシ。父兄ヲ殺シテ其子弟ヲ又主君ニシテ、ソレナリノ君臣ノ交リヲスルコトアレバ、万国ニスグレテ君臣ノ義正シトハ云《いい》ガタシ。偖《さて》日本ハ一姓ニテ天下ヲ有《たもち》テ、他姓ノ人ヘ渡ラヌト云テ、結構ナルコトト云ヘドモ、正統同姓ノ兄ヤ弟ヤ従兄弟ヲ追《おい》ノケテ天子ニナルハ、他姓ヲ追ノケタルヨリ甚シキ也。神武天皇以来姓ハカハラネドモ、弑逆《しいぎゃく》簒奪挙《あげ》テ数フベカラズ。譬《たとえ》バ今兄ヲ殺シテ其跡ヲ取タル人アランニ、同姓ジヤニヨツテ苦シカラヌト云ベキヤ。我ハ殺サズ臣下ガ殺シテ其跡ニ我ヲ立《たて》タト云デハスマヌコト也。如レ此《かくのごとく》ナレバ、日本ハ却テ後世ニ五倫ノ法ヒラケテ、上古ハ五倫ノ法ハキト立《たた》ヌト見ヘタリ。然《しかる》ニ学者、日本ノ旧記ヲ見ナガラ、此《これ》ヲワキマヘヌハアサマシキコト也。扨又《さてまた》女子ニテ天子ノ位ニノボルコト、聖人ノ道ニハナキコト也。牝鶏《ひんけい》ノ晨《あした》スルハ家ノ索《つく》ル也ト、聖書ニハ戒メヲカレタレバ、マシテ天子トナリ万機ノ政ヲサバクハ晨スルノ甚シキ也。

このように記した彼が「日本＝中国論」などは全然認めなくて当然であった。さらに後述する「華夷」は「文化の水準」論も問題にしなかったし、「中国も中国・日本も日本」の「豊葦原ノ中ツ国＝中国」論も問題にしなかった。そして中国に学ぶのを当然として、「聖賢ノ書ヲ読デ居敬究理ノ学ヲスル人ハ、唐ヲウラヤミシタフベキコト也」と堂々と言っている。だがこのことは現在「民主主義を学ぶならアメリカを「ウラヤミシタフベキ也」」とか、「共産主義をしたうならソビエトを「ウラヤミシタフベキ」こと」とか言うのと同様に、否それ以上に言いにくいことであったろう。彼は神道などは何の評価もしなかった。これが闇斎に破門された理由の一つだが、まずここで弟子の筆記した彼の『中国論』を引用しよう。

直方先生「華夷論断」曰《にいわく》、学者、中国夷狄《いてき》ノ論紛々タリ。皆一偏ノ説ヲ立テ主張スルヨリシテ、初学ノ惑ヲ起セリ。元来中国夷狄ト云《いう》コトハ中国ノ聖賢ノ言ニシテ、天地全体ノ地形ニツイテ立《たて》タル也。「周礼」土圭ノ法、世々ノ聖賢ノ論説語類等ニ詳《つまびらか》也。何ンノマギレモナキコトニテ、俗学者モ弁《わきま》へ知レルコト也。然《しかる》ニ近時吾党ニ此論出テ、或《あるいは》道徳ノ盛衰ヲ以テ中国夷狄ヲ分チ、或ハ各国面々ニ中国夷狄アリト云テ、遂ニ古聖賢ノ成説ヲ用《もちう》ルコトナシ。

垂加先生（闇斎）神道ヲ主張スルヨリ、日本モ中国也ノ論アリテ、程子ノ天地無《ゆくと》二適不レ為《してちゅうならざるはなし》レ中ノ語ヲ以テ証トシ、朱子ノ説ヲ可《うたがうべし》レ疑ト云ハレシコト、「程書抄略」上巻細字ノ中ニ見ヘタリ。是ヨリシテ学者雷同シ、中国夷狄一定ナキノ論多シ。尤《もっとも》中国ハ礼義之教、風俗正シ、夷狄便《すなわちひとときんじゅうとのあいだにあり》在下人与二禽獣一之間上、所《ついにあらためがたきゆえんなり》二以終難レ改ト朱子モ云ハレタナレバ風俗アシキハ知レテアレドモ、然レドモ夷狄ノ地ニ生レテモ少連大連ノ様ナル人モアリ、中国ニ生レテモ桀《けつ》・紂《ちゅう》・盗跖《とうせき》ガ様ナルモアレバ、夷狄ノ地ニ生レタ人モ義理ニ従テ勤メバ聖賢ニモ至ルベシ、何ノナゲクコトアランヤ。「論語」子欲《きゅう》レ居《いにおらんとほっす》二九夷一、君子居《これにおらば》レ之、何陋《なんのへいか》之有ンニテ可《かんがうべし》レ考。武王ノ箕子《きし》ヲ朝鮮へ封ジラレタヲ看ヨ。畜生国へ封ジタルト云ニ非ズ。今道徳ノ盛衰ヲ以テ中国夷狄ヲ云ハヾ、「論語」ノ夷狄之有《きみあるは》レ君、不《しょかのなきがごとくにあらざる》レ如二諸夏之亡一也ノ語、「孟子」ノ陳良《は》楚《の》産也ノ所、其外ツカユルコト多カラン。中国而用《にしていてきのれいをもちうれば》二夷狄之礼一、則《すなわちこれをいとす》夷レ之ト云タル、礼儀ヲ責《せめ》タルノミニテ、中国ヲ変ジテ夷狄ノ地ニスルト云ニ非ズ。道ハ行レフト行レマイト、中国ト云ハ是カラ爰《ここ》ト一定シテアル也。釈ノ師錬ガ、天文ヲ以テ日本ヲ世界中ノ最上国トシ、唐天竺《てんじく》ヨリスグレタルト「元亨釈書《げんこうしゃくしょ》」ニ書記《かき》シオイタヲ、尤《もっとも》ナリト思テ雷同シタル儒者モアリ、皆小知ノ妄説也。中国夷狄ト云ハ、根本聖人ノ立言ニテ外《ほか》ノ国デハ云ハヌ事ナルニ、儒書ヲ読ンダカニテ、中国ハ善、夷狄ハ悪ト云事ヲ知テ、我生レシ国ヲヒイキスル存念ハ殊勝ナレドモ、天下ノ公理ヲ知ラズ、聖賢《の》成説ヲ変化スルニ陥ルハ、苦々《にがにが》シキコト也。中国夷狄ヲ道徳盛衰《の》デ云ハヾ、今ハ唐ガ中国、今ハ朝鮮ガ中国ト、ヒタト場所ガカハルベシ。人ガ何程不徳不義ナルトテ、真ノ犬馬トハ云ハレヌ。ワルナリニ人ハ人、犬ハ犬也。猿ガカシコキトテ、タハケノ人間ト同ジコトトハ云レヌ、鸚鵡《おうむは》能言《よくいうも》、不レ離二飛鳥一《ひちょうをはなれざる》ナリ。義理ニハヅレタルヲ推シテ禽獣也トハ、徳ヲ責《せめ》タモノナリ。コノ合点ヲ地形ヘ移シテ中国夷狄ノ弁ヲ合点スベシ。文王武王ノ様ナル聖人ガナクテモ、中国ノ名ハカハラヌゾ。浅見安正「正統論」ニ、正統ハ義不義、徳不徳ノ吟味ハ入ラヌト云テアリ。中国モ丁《ちょう》ド其《その》合点ニテ、マギル、コトハナシ。

日本こそ「中国」で、いままでは「中国」は「夷」にすぎない、といった説を直方はうけつけない。また両者ともに「中国」であるという説も一笑に付す。では、中国対日本という形で両者があくまでも別々となれば何も朱子学など学ぶ必要はない、日本は神道でよい。そしてもし儒学が学ぶに価するなら、それは神道と一体化している場合、いわば「神儒一致」の場合のはずだといった議論も当然に出て来よう。しかし直方はこれも受けつけない。

或人問曰《といていわく》、日本ハ小国ナレドモ、天神七代地神五代以来、神道ト云《いう》結構ナル教アリ。去《さる》ニ因《より》テ、神道ヲ学バヌ人ハ日本ニ生レタ益ナク、神明ノ御心ニモ叶ハズ、子孫繁昌スルコトモナシ。日本ハ古来ヨリ神国ト云テ、万国ニスグレ結構ナル国也。直方先生答曰《こたえていわく》、唐土天竺南蛮ハ何国ニテ候ヤ。日本計《ばか》リ神国ニテ各別結構ナル所ジヤトハ、誰人ノ定メヲキタル事ニテ候ヤ。神国ノ神ト云ハ、他邦ニハナキモノニテ候ヤ。天地ノ中、人ノ外ノ外ハ皆鳥獣ノ類ニテ、賤キモノ也。人ハ万物之霊ナレバ人国トコソ申ベキニ、人ノ外ノ神ト申事心得ガタク候。天照大神大己貴《おおなむち》ノ類ハ、人ニテハ無レ之《これなく》候ヤ。偖《さて》我ガ生レシ邦ヲバ、売薬ヲスルモノ、様ニ、我計《ばか》リヲヨシト云テ自慢スルコトニテ候バ、秦ノ始皇ガ先祖ニ謚《おくりな》スルヲ禁ジタルト同事也。夫《それ》ナレバ天下之公理トハ不レ被レ申《もうされず》候。譬《たと》ヘバ今舜ノ講釈ヲナサレルニ、後妻ニ溺レテ実子ヲ殺スハ義理ノ当然ジヤト云ベキヤ。ソレハ不義デワルイト云ハヾ父ノ事ヲソシルニナリ可レ申《もうすべき》ヤ。神道者ノ様ニ善悪是非ニカマハズ、メツタニ我邦ヲ尊信スルガヨキト云ナレバ、学問モ入リ不レ申《もうさず》候。是程ノワキマヘナクシテ、メツタナコトヲ被レ申《もうされ》候筈ハ無レ之《これなく》候ヘバ、神道者ノ被レ申《もうさるる》ニモ子細コソアラン、承度《うけたまわりたく》候。

扨《さて》神道ニハ五倫ヲ立テ、ツ、シミ申候哉。五倫ノ中二倫三倫ハステ、モクルシカラズトノ事ニ候哉。五倫立テ、教候ハヾ、唐ノ聖賢ノ道ニ違イアルマジク候。此所《このところ》承度《うけたまわりたく》候。偖《さて》神道ニ伝受ト云テ、密《ひそか》ニ申聞スル事アルト承候。土金《つつしみ》ノ伝ト云ハ神道ノ根本ジヤト合点シテモ、実ニ力ヲ用ヒテコソ心身ヲサマリ可《もうすべく》ㇾ申候。タヾ聞タ計リニテ、人欲ニ克ツト云コトナクバ、何ノ用ニモ立ヌコトニテ候。神ノ名ニモ伝授アルヨシ承候。唐デハ、孔子ヲ孔子、孟子ヲ孟子ト云タルニナンノ伝授モナク候。ケ様《かよう》ノコト儒道ト相違シタルコトニテ候。然《しかる》ニ儒神一致ト被《もうされ》ㇾ申候ハ合点不《まいらず》ㇾ参候。

偖又《さてまた》、日本ハ中国ニシテ万国ニ勝レタリト神道者ノ云ハ、心得ガタキコトニテ候。中国ト云ハ、古来ヨリ地形ニヨッテ一定シタルモノ也。勿論中国ハ道明ニ風俗モヨシ、夷狄ハ風俗アシケレドモ、根本、中国夷狄ト定リタルハ地形ヲ以テ云《いい》、風俗善悪デ云ハヌナリ。

「……承度《うけたまわりたく》候。……承度候」は相当に挑戦的だが、このように言った直方が、この点だけでも、晩年、神道に凝った闇斎から破門されて当然であったろう。絅斎は確かに「日本人離れ」がした日本人だが、別の意味で直方もまた「日本人離れ」がした日本人であった。彼は、日本人の中に本能のようにひそむ「習合」の誘惑を徹底的に排除した。いま流にいえば、日本的キリスト教とか日本的民主主義といった考え方を絶対に認めなかった人である。それは確かにその通りであり「民主主義《デモクラシー》」という思想は日本人が生み出したものではない。同じように朱子学も日本人が生み出したものではない。だが、外国の思想を「人類共通の原理」として普遍主義的に継受すれば、「わが国にもそれがあった」と言いたくなるのが人情なのかも知れない。そして自ら普遍主義的思想を生み出さなかった日本人、直方の言い方をすれば「聖人」がいなかった日本では、常にこの「わが国にもその祖形があった、ただ理論的に体系化されていなかっただけだ」と言いたがる傾向がある。戦後にもこれがある。これは当然の感情かも知れない。そのため崎門学派でも絶対的に習合を排除しながら「妙契」となるのである。では「習合」と「妙契」はどう違うのか。それは簡単にいえば前者は一種のシンクレティズムを当然とする行き方だが、後者は「混淆させて一致させようとはしないが、客観的に共通点があるのなら「ある」とする」の違いということになるであろう。だが「客観的に「ある」」とするのが主観にすぎなければ、結果に於ては同じようになる。ただし後者には「証明」の義務が負わされ、「ある・ない」が論争になる点が違っている。絅斎の弟子の強斎は、日本の神道と中国の易は本質的に同じなのだが、先方は「聖賢カハルガハル起リ……時ニ順《したが》ヒ、勢ニ因《よ》リ、ソレゾレ道筋ヲ分テ、道体ハ道体、学術ハ学術、政事ハカウ、治体ハカウ、治法ハカウ」と「義理ヲツメテ」行ったが日本はそのように体系的にならず「上古聖神ノ質朴ナリノ道ガ直ニ今日ヘマデ」つづいて来たので「文明ナ目カラ見テハ合点イカヌ」とする。だがこの証明はできない。そこで崎門学派は常に論争が絶えなかった——もっとも論争のたねはこれだけではなかったが。だがこの論争は、結局は「妙契派」が負ける。そしてこの「証明」は実際にはできないとなると、あとは罵倒、絶交にならざるを得ない。この点では絅斎さえ「扨々《さてさて》先生唐人イカイ御ヘツラヒ、唐ヨリ近々御加増御取可レ被レ成候」などと谷秦山に皮肉られているのだから、直方などはまさに「非国民」にされてしまう。これもちょっと「米帝の手先」などという罵倒で相手を封ずる戦後の〝論争〟に似ている。

もちろん直方の方も反論して自分の考え方をのべているが、それを読むと問題の所在が明確になる。

或人「論断」ヲ看テ曰《いわく》、一学者（三宅尚斎）ノ説ヲ看ルニ、中国夷狄ヲ地形ト道徳ノ二筋アルト云ヘバ、地形ノ義ヲ知ラヌニテモナシ。山城《やましろ》ヲ中トシ奥羽ヲ夷トスル説モアレバ、専《もつぱら》ニ道ノ盛衰、風俗《の》美悪デ云トハ見ヘズ。答曰《こたえていわく》其《その》二筋アルト云ガハヤ非也。中国夷狄ヲ最初ニ定タル聖人、二筋アルト云ヘルニ非ズ。其後ノ聖賢ノ説ニモ見ヘズ。色々ノ説ヲ立テ中国ヲ一定セヌ方ニ云ハ、自分ニ拵《こしら》ヘタ説ナレバ、公論ニアラズ。実ハ、中国トハ唐九州ノコト、夷狄ハ四辺ジヤト心中ニハ自然ト理会シテヲレドモ、吾邦ヲ夷狄ト云ヘバ疎遠ニナルト云親切ノ情ニクランデ、偏説ヲ主張ス。心中独知ノ所ヲ省察シタトキニ、唐ヲ夷狄ジヤトハ思ハヌ筈也。

まさにそうなのだが、そのゆえにこの種の指摘乃至《ないし》反論に相手は感情的にならざるを得ない。そしてそれにまつわる激論は「林家之阿世、崎門之絶交」という世評を生んだ。そしてそのはじまりは実に、闇斎による直方の破門である。

この佐藤直方は慶安三年（一六五〇年）備後の福山に生れ、享保四年（一七一九年）七十歳で江戸で没した。彼は実に「さめた人」で、決して情に流されず、その信ずるところを理によって裁断した合理主義者である。生涯、字《あざな》も号も用いず、五郎左衛門で通した。ある人が「中国で本を出したり、中国へ行ったりする場合はどうするのか」と問うと、「中国へ行っても五郎左衛門で押し通す」と言ったという。はじめは同藩の闇斎の門人永田養庵に学んでいたが、二十一歳のとき養庵に伴われて闇斎の所に行き、入門した。はじめは学力不足とはねつけられたが、入門してからの勉強ぶりはすさまじく、絅斎とともにもっとも寵愛された弟子であった。あるとき諸侯の一人が闇斎に弟子の中から藩の儒官を推薦してくれと使者をつかわしたが、闇斎は満座の弟子の前で、一に直方、二に絅斎、しかし二人は応じないであろう。そのほかに推薦できるものはいないと言ったという。そのような彼がなぜ破門されたか。それは前述のように晩年における闇斎の神道への傾斜であった。もっとも闇斎自身は、少なくとも主観的には「神」と「儒」を習合させようとはしなかった。彼は両者をあくまでも分け「垂加翁、儒書を語るや、一言も神道のうはさなし。神道をかたれるや、半句の儒書の沙汰なし。別席にあつて、別人の話を聞くが如し」（谷秦山『俗説贅弁』）のようにこの二つの「道」を明確に分けた。さらに神道門人には朱子学を必修としたのに、儒学の方には神道の聴講を決して強制しなかった。ではこの二つの「道」が一体、闇斎の内心ではどういう形で一体化していたのかとなると、それはわからないが、日本人の心性のある面を物語っているであろう。これは晩年の内村鑑三が『孟子』に傾倒し、その英訳を自己の雑誌に連載しつつ、自らが主宰する聖書講義では絶対に聖書以外のことを語らなかったことに、どこか通ずるかも知れない。

だが闇斎の場合、神道門人は朱子学必修であるから、否応なく、神道の弟子が朱子学専攻の方へ聴講に来る。日本は今でも相当に席次のうるさい社会だが、これが当時はもっときびしくて不思議ではない。その社会で「学識」という点でははるかに劣るこの聴講生がしだいに上座を占めるようになると、やはり問題になる。「直方先生云、今日モアホウナモノガ大分上座シテイタト」はこの間の事情を物語っているであろう。もちろん直方も絅斎も単に席次のことで師と分れるような人物ではないが、前記の直方の「偖《さて》神道ニ伝受ト云テ、密《ひそか》ニ申聞スル事アルト承候。……神ノ名ニモ伝授アルヨシ承候。唐デハ、孔子ヲ孔子、孟子ヲ孟子ト云タルニナンノ伝授モナク候」という言葉は「神道なんぞはあやしげなもので、そんなものは儒学という学問とは同じではない」の意味であり、そこで「儒神一致ト被レ申《もうされ》候ハ合点不レ参《まいらず》候」なのに、闇斎は、秘伝の伝授を行っている。もちろん神道である以上それは当然なのだが、元来儒学は生涯学習であり、何かを伝授されたらそれで卒業というわけではない。習得の方法論が基本的に違う「儒」と「神」が同一講義に列席することは、直方などには両者の違いを現実の場で確認させる結果になるだけである。こうなれば闇斎のいう「習合排除」は大変におかしなことになってきて、これを「習合」でなく「妙契」だと言っても、直方に納得できなくて当然であったろう。もっともこの点で師の闇斎を批判しているのは彼だけでなく、「崎門三傑」の他の二人も同じであった。

　これが結局「破門」になり、その間には直方・絅斎への他の弟子の嫉妬に基づく中傷、いわば「師弟離間」の策動があったと言われ、これはきわめてありそうなことだが、その中心は直方で絅斎は巻添えをくったという若林強斎の次の記述は、おそらく最も真相に近いであろう。

　是ヨリシテ佐藤氏ハ何ト御心ニ叶ハヌトテモ神道ノ事ハ呑込ミ難シトノ儀ニテ愈〻《いよいよ》師弟ノ間ソコネ、詰マル所絶門セラレタル趣ナリ。絅斎ハ神道ノコトアナガチ排擯《はいひん》セラル、ト云フ事ニテモナカリシ故、絶門ト云フ事ハ無カリシカドモ、何トナク師弟ノ情合宜シカラズ、御対面ナドモナシ。左レドモ朔望《さくぼう》ニ闕《か》カサズ御機嫌ハ伺ハレタレドモ、シカ〳〵取次イデクレル門人モ無レ之《これなき》様ナル首尾ニテアリシト也。此上ナガラ絶門ノ名無レ之《これなき》ハ珍重ノ事也。其頃ハ垂加翁神道ノ事ヲ専ラ引立テ御崇敬有レ之《これあり》、正親町《おおぎまち》殿ナド最モ尊信アリシ頃ナレバ、絅斎ナドハ誠ニ外様アシラヒノ様ニナリテアリシト見エタリ。（「雑話筆記」）

師弟間の公開論争などはもちろん「敬義内外」では考えられないが、もしそれが行われたら直方が勝ったであろう。というのは直方は明確に普遍主義の立場に立ち、まことに論理が一貫しているからである。すなわち孔孟程朱の道は天地不易で万国普遍の道であり、この前には日本・中国の差などは、はじめから問題にならない。日本の特殊性を主張して「孔孟の教えの土着化」などを主張するのはばかげた話で、逆に、孔孟の教えで日本を律すべきなのである。朱子学を絶対とするなら、そう考えない方がおかしいのであって、そう考えれば、徳あるものが天子の位につくのが当然なのだから、「百王一姓は万世一系」などとはまことに下らぬことになる。そして下らぬことは下らぬと彼は言う。さらに、人びとが誇る「武士道ハ論語カライヘバ田舎者ダ」であり、日本の伝説など云々するのはばかげた話で、「本学者ハ日本ト云《いう》口上ハ出サヌゾ」なのである。では一体どうすべきなのか。日本は「孔孟程朱の万国普遍の道」に徹すればよいのであって、そのため「四書（大学・中庸・論語・孟子）・小学・近思録」を聖書《バイブル》として、脇目もふらず徹底的に修得すればそれでよいのである。直方は日本人には珍しい存在であった。明治以来、日本は「中国化主義」から「欧化主義」に転じ、戦後は「アメリカ民主主義」を「人類普遍の原理」としているわけだが、いずれの場合をみても〝習合的〟で、直方ほどに徹底した普遍主義者はいない。たとえばキリスト教では常に「福音の土着化」が主張され、マルクシズムでも「民族派」が出てくる。そして「民主主義」もまた、その普遍主義的原理原則を徹底的に推し進めようとはせず「日本的草の根運動」型に土着化して行こうとする。その行き方は一方では「林家之阿世」的な自民党的票田主義的民主主義となれば、一方では「崎門之絶交」のような「土着の程度」差に基づく細分化を招来していく。そこには他国の思想を人類普遍の原理として継受しても、自ら普遍主義的思想を構築し得なかった日本人の、「宿命」ともいうべきものがあるであろう。いわば外国の「世界観」を自らの「世界観」としてそれを絶対とすることによって生ずる問題は、まず崎門学に先駆的に現われて現代にもつづいている。

直方はその弟子に対して決して闇斎・絅斎のように振舞わなかった。その学問への態度は、対象を「四書・小学・近思録」に限定し、決して間口を広げず、これを徹底的に学ぶという方法で、その点ではまことに峻厳であったといえる。しかし弟子への態度は闇斎・絅斎とは全く違って、「師弟の礼」などはやかましく言わなかった。この「儒者」

に由来すると思われている日本独特の「師弟関係」について吉川幸次郎氏は次のように記しておられる。「ところで江戸時代の朱子学、これは大へん厳格で厳粛で、リゴリズムの匂いを確かにもっていた……「三尺下がって師の影を踏まず」というにいたっては、『論語』の言葉でもなく、われわれ儒者の言葉でもないのです。私も儒者でございますが、私どもの言葉ではなく、仏教者の言葉なのです。儒者と仏教者というのは、これまた大いにさしさわりがございますが、敵です。なぜ敵であるかは、儒学は無神論の立場に立つからです。仏教の本を儒者は汚らわしいと思いますので、私なども読まない。しかるにそれを自分のほうへ引っ張ってきて、リゴリズムを一そう強めたという要素が、江戸時代の儒学、つまりその朱子学にあるわけです」と。前に記したように闇斎が十二歳から二十五歳まで僧であったことを考えれば、その峻厳きわまりない学風もこれと無縁ではなかったかも知れぬ。確かに孔子と弟子の間は、もっと「サロン風」であったと思われる。そしてこの点でも直方は「日本人離れ」がしていた。確かに研究・勉学は徹底的であったが、一面軽妙洒脱、談論風発で、日常卑近なことを比喩に用い、人を飽かしめなかったという。吉川幸次郎氏の批評は確かに全般的にその通りだが、直方はその例外である。彼には、そのように権威者的態度をとる必要が少しもなかった。というのは権威は「四書・小学・近思録」に置けばよく、自らが「権威」となってそれを「日本なる特殊性」と習合させる必要は少しも感じなかったのだから——。

確かに直方はその時代には大きな活躍をした。しかし後代への影響は皆無といっては語弊があるが、少なくとも「習合」も「妙契」も絶対に排したという点、徹底的に普遍主義の立場に立つという点では後継者はなかった。年を経るに従って崎門派は日本的特殊性を加味した特殊主義になって行く。そしてそうならない限り、社会に対して何も機能し得ない「純学問」として社会から遊離して行ってしまうのである。

これを決定づけて、彼が影響力を喪失させたのが「崎門学の応用問題」ともいうべき「四十六士論」だが、これについては後述するとして、もう少し、日本的特殊性との対比において、直方の考え方をたどってみよう。ではこの「日本的特殊性」とは何なのか。それは、直方を軸にして、そこから他の崎門学者への距離を計れば明らかになっていくであろう。そしてその要点は「正統」という言葉と「中国一筋（道徳・地形）論」にあるのであろう。

偽書のたどった運命

アメリカン・デモクラシーはアメリカで生れた。朱子学は中国で生れた。ということはごく単純にいえばその思想を自らの思想とするなら、アメリカ人にあるいは中国人にならねばならず、そうでない限り「夷」であるという結論になる。ところがアメリカは移民によって形成された特異な国であり、特異な国から出て来た思想は、伝統的社会から見れば特異な思想のはずである。これは朱子学でも同じで、今の時点でこれを見れば、はじめて外夷に屈して朝貢しなければならなくなった南宋に生じた、超国家主義的・中国絶対的な国民思想と見ることができる。ただ中国もアメリカも自己の思想が人類普遍の原理であると信じて疑わなかった。そしてそれを受けて日本は、「人類普遍の思想であるから受容するが、それは何も日本人が中国人やアメリカ人になることではない」とした。簡単に言えばこれが「中国二筋論」であり、また戦後の「アメリカン・デモクラシー二筋論」である。いわばアメリカとデモクラシーを「思想・地形」の二筋に分けるように中国と朱子学を「道徳・地形」の二筋に分ける。そしてその思想の萌芽はわが国にもあったという形で日本の伝統と結びつけ、それによって自己を「本家」として輸出元を逆に軽蔑して「本家意識」を守ろうとする。中国夷狄論もアメリカ悪玉論もここから出てくるわけであろう。これは思想の輸入先に対してもつ一種の愛憎両端かも知れない。

そしてこういう考え方に、明確に反対したのは佐藤直方《なおかた》だが、「習合」とか「妙契」とか下らぬことを言っていないで中国を本気で徹底的に学べという主張は、結局は受け入れられなかった。そしてその反対なるものが、もしいまアメリカを徹底的に学べと言ったら出てくるであろうような反論――「とんでもない、あんな犯罪だらけ、暴力だらけの国なんか……」ではじまる反論とまず同じような反論であった。それに対して彼は次のようにのべている。「或人、君臣ノ大義ヲ明サント思フ存念ヨリ、我生《うまれ》シ国を君父ノ国ト敬ヒ尊ブノ親切ガスギテ、中国ヲ夷狄トシ、叛逆人ノ湯武、牛食ノ孔孟ト云《いう》激切ノ論出タリ。是《これ》偏説也。孔孟ヲ尊敬スル人コレヲ聞テ、此ハ狼藉《ろうぜき》ナル云様ナリトイキドヲリ、我出生シタル国、中国ニ非ズト云《いい》サマニ、弁者ヲ批斥スル。甚シ、激論ノ過ルト云ベシ。兎角《とかく》太極ヲ主君ニシテ各国皆家中ト合点スレバ、位ノ高下、禄ノ大小夫々《それぞれ》ニ定テアレバ、ヒイキシテホメスギルコトモナク、ニクイト云《い》テ一尺ノ者ヲ五寸ト云コトモナラヌ。黒ハ黒、白ハ白ト定テアレバ、私意ヲ以テ息キ筋ヲハリ、白ヲ黒、黒ヲ白ト云テ、中国夷狄ノ名ヲツケカユルハ、愚之甚《はなはだしき》也。王荊公ガ虱《しらみ》ヲ捻《ひね》リタルトテ中国ノ太夫高位ノ人皆虱ヲヒネルニテモナシ、揚雄ガ天禄閣カラ落タトテ唐ノ儒者皆腰ヌケ臆病ト云ニモ非ズ。蘇我《そが》ノ馬子《うまこ》ガ天子ヲ殺シタルトテ日本ノ大臣皆天子を弑《しい》スルト云デモナク、義朝ガ父ヲ殺シタルトテ日本ノ武士皆親ヲ弑スルト云ニモ非ズ。風俗《の》盛衰ハ其時其人ニヨルコトナレドモ、愚ナル人ハ、日本ヲ君子国ト誰ヤラ云タルトテ、堯舜三代ノ治ニマサルト思ヒ、曾子ノ死期ニカレコレ云ハレタルヲ見テ、賢人ノ死期ハ皆曾子ノ様ナル筈ト思ヒ」等々は、「無学ノ人ハ不レ足レ責《せむるにたらず》。トニモ角ニモ道理明弁ニナキハ学者ノ大愚也」と。

全く昔も今も似ているのである。一方が「アメリカなんてこんなものじゃないか」と言えば一方が「日本だってこうじゃないか」と言う。また「君子国」と言えばそれだけで日本は中国の理想的状態のときと同じように思う。一般人がそうなるのは致し方ないが、学者までそれでは全く困る、これが直方の嘆きである。ではお前はどうなのか。「今ヨク合点シタル人ハ、唐ハ中国、日本ハ夷狄ト古昔《こせき》カラ一定シテアルト雖《いえ》ドモ、外ノ夷狄ハシラズ、日本ニヲイテハ唐ニモヲトラヌ処アリ、我ハ日本ニ生レタレドモ、実ニ学問ニ志ヲ立テバ聖賢ニモ至ルベシ。其時ハ唐中国デモハヂ入ルベシト心得ベシ」。それだけなのである。しかし現実問題として直方のように生涯学びつづけるのは大変である。それよりも、「日本こそ正統の朱子学の中国、今では中国こそ夷狄」と言っていた方が楽であることは、「日本こそ真の民主主義国、アメリカは今ではファシスト」と言っていた方が楽なのと同じである。

そうなると、ちょうど「日本国こそ正統な民主主義」であると〝論証〟しなければならぬことになる。ここに「日本的正統論」なるものが出てくる。丸山眞男氏はこの「正統」という言葉を「O正統」と「L正統」に分けている。いわば正統《オーソドキシイ》・異端《ヘテロドキシイ》という場合の「正統」はオーソドキシイの意味だからO正統、レジティマシイの場合はL正統とされる。確かにこういう分類は可能であろうが、朱子学にはこの分類はなく、朱子学の正統《オーソドキシイ》がそのまま正統《レジティマシイ》であって、その正統《オーソドキシイ》にはずれる者は実際に統治権をもっていても「正統《レジティマシイ》」を認めないわけで、そうなると、もし朱子学の正統《オーソドキシイ》にはずれている者が統治権をもっているなら、朱子学の正統《オーソドキシイ》は正統《レジティマシイ》になるように世の中を変えて行かねばならぬことになる。ここに、体制の学であるはずの朱子学が、逆に、徳川幕藩体制を変革する尊皇運動のイデオロギーになり得る理由の一つがあった。

だがそうなると、直方によれば、残念ながら日本は、天皇に「不行義ヲスルモノアラバ、ケコロ（蹴殺）サウ」という「天」の絶対性はないのである。ここが中国と決定的に違う。そのため浅見絅斎《けいさい》は「湯武《とうぶ》放伐論」を否定してしまう。しかし直方はそうではない。

……王勉ガ「惟《ただ》在《る》レ下《に》者有二湯《て》武之仁一云云」ト云タ。偖々《さてさて》ヨク云タゾ。爰《ここ》デハ義ト云サウナモノガ、仁ト云タハ、湯武ノ旨ヲ能《よく》云タゾ。湯武カラ桀紂ヲ見レバ君臣ナレドモ、天カラ見タ時ハ、桀紂ハ家老、湯武ハ用人物頭ノ様ナモノゾ。然レバ天カラ放伐ヲ命ゼラレタレバ、イヤハイハレヌゾ。爰《ここ》デイヤト云ト、家老ヲ大切ニシテ、君命ニ背《そむく》ト云モノゾ。天カラ云ハル、ハ、桀紂ガ暴悪至極ス、其方放伐セヨト云付ラレタレバ、其時湯武ノ其レハ、何トモ難《つかまつりがたき》レ仕コトト云レタヲ、イヤサウ云コトデナシ、此方ハ邪悪ノ者ヲ退テ天下ヲ恵ム役ユヘ、彼ヲ其儘《そのまま》ヲクコトハナラヌ、今天下ニ我《わが》名代ヲ云ツグベキモノ一人モナシ、其方ヲ名代ニ立ルゾト云付ラレタユヘ、然ラバ畏《おそれ》タト軍ヲ起サレタゾ。湯王ノ桀ヲウタル、時、衆ニ誓テ云、「予畏《る》二上帝《を》一、不二敢不《あえてたださずんばあ》一レ正《らず》」ト云。武王ノ紂ヲ討《うた》ル、時、師ニ誓テ云、「予弗レ順《わ》レ天《に》其罪惟《れ》均《ひと》シ」ト云レタヲ見ヨ。事体コソ違フタレ、堯舜ノ禅授ト何ノカワルコトハナイゾ。其レデ程度モ「堯舜湯武其《その》揆《はかること》一也」ト云テアル。是ガ程子デナフテハ、此様ニ見取ルコトハナラヌゾ。

と。さてこれを日本にあてはめれば、「天カラ見タ時ハ天皇ハ家老、将軍ハ用人物頭ノ様ナモノ」となるであろう。そうなれば「天カラ放伐ヲ命ゼラレタレバ」は将軍は天皇を討伐してよいことになる。否、討伐しなければならぬことになる。ただしその基準は「仁」なのである。「仁」でなくこれを行えば簒奪《さんだつ》であり、そこで王勉が「湯武之仁」と言ったことは正しい定義で、そのゆえに禅譲も放伐も原則は変らず「堯舜湯武其揆《そのはかること》一也」となる。ところが日本人はこのことを理解しないで、神儒合一などというばかなことを言っている。

　世ノ神儒合一ト意得タル儒《の》先達モ、爰《ここ》ガハキトスマヌ故ニ、孔子孟子ノ精ヲ出シテ云《いい》ヒラカレタ義理ヲ莚《むしろ》ヲ掛テヲ、ヒ、世ニシラセヌ様ニスル。夫《それ》ヲタワケタ諸生メラガ、有難イ、常道カラ見レバ湯武モハリツケ人ジヤ、鹿クラヒノ唐人メ、我邦正統万々世ノ御日出度《き》風ヲシラセタイト云テ、何ヤラ書物ヲ作テ板行サセテ、諸人ノ眼目ヲ塞《ふさ》グ。嗚呼《ああ》可レ悲哉《かなしむべきかな》。吾友《わがとも》三宅重固聴二此論一《このろんをききて》而大《に》感発《して》著《す》二一文一《を》。可レ謂二《いうべき》近世具眼之人一《と》矣。サテ湯武革命ノ道理ガ明白ニスマネバ、俗儒ト云ベシ。夫デハ凡《およそ》道理ノカ、ルコトハ皆ハキトナキ筈也。精義ノ二字ノタノマレヌ学者也。孔孟ヲ実ニ尊信スル学者ナラバ、此論説ヲ謹テ頂戴シテ心服スベシ。

まさにその通りで、孔孟が絶対だというならその教えを絶対とすればよい。それは実に「ハキト」としている。ここで「何ヤラ書物ヲ作テ板行サセテ、諸人ノ眼目ヲ塞グ」と言っているのは「湯武放伐論」を否定している絅斎のことであろう。

義剛（弟子）ガ湯武ノ放伐ヲ問タレバ、朱子ノ攢眉《さんび》（眉をひそめる）セラレタヲ、神道者ガ見テ、ソリヤコソ放伐ヲ気ノ毒ガリテ攢眉セラレタト云ヘドモ、サウ云コトデハナイゾ。アレハ聖人体道ノ大権ユヘ、説テキカセテモ、アノ場ノコトハ人ガ合点ヲヱ（得）セヌト云カラ攢眉セラレタゾ。其レデ「此事難《ときがたし》レ説」ト云テアル。ワルイナラバ、ワルイト云《いわ》ルベケレドモ、ミヂンモワルフハナイ。只アノヅ（様子）ノコトハ合点ヲヱセヌト云コトゾ。神道者ガ堯舜ノ禅授ヲ正流ガツブレルトテ色々ノコトヲ云ハ目クラ論ト云モノゾ。堯ノ子ニユヅラルレバ、天下ノ乱レルコト分明ニミヘテアルユヘ、舜ニユヅラル、。舜モ亦《また》其通リデ禹《う》ニユヅラレタゾ。子ニ譲ルコトヲ欲セザルニアラズ。其子ガ天下ヲ任ズルノ器量ナケレバ、聖人ヲヱランデユヅラル、筈ノコトゾ。堯舜ノ時ニアツテハ如《かくのごとし》レ此。湯武ノ時ニアツテハ、又湯武ノゴトクアルベキ筈ゾ。孔子ヲ堯舜ノ時ニ置タラバ、アノ禅授アルベク、湯武ノ場ニ居ラシメバ、放伐セラルベキコト分明也。

こうなると、禅譲であれ放伐であれ一にそのときの情況によることになる。直方はそれを晴天に花見をするのと雨降りに花見をするのとの違いにすぎないといった。いわば目的は「仁」であって、「政治」とはその「仁」を実現するための手段にすぎない。手段にすぎないのであるから、それが、有徳な者に位を譲る「禅譲」であれ、不徳の暴君を討伐して政権を奪取する「放伐」であれ同じこと、朱子は「程子ノ説ヲ引テ、「征伐《は》非《ず》ニ其《の》所《に》レ欲《する》。所レ遇《う》之時然爾《るのみ》」ト云テアルデ、湯武ノ論ハ尽テアルゾ」とした。原則が全く違うから「万世一系」などは何も評価できる対象でない。もしそれが評価できるとするならば、それが、「仁」という目的にかなっていた場合に限られる。こうなれば、「日本の歴史はそうであった」という虚構を創作しなければならなくなる。前述のように直方はもちろん、それを笑殺した。

　しかし殷が滅亡した後も、その民は頑強に抵抗してなかなか周に従わなかった。「彼神道方ノ人ハ殷ノ頑民ハ忠臣ナリト云テ、諸聖賢ヨリ上ニ思ハ、彼《の》惑也。司馬遷東坡ナドガタワケヲ云タト云モ是也。此等ノコトハ道理ノ筋ノ見エタ学者デナクバ、ハツキトスマヌ筈也。「古人見《ること》レ道《を》分明《なり》」云云」之説可レ考。世之儒学ヲスル人、道ヲ見ルノ合点ナク、弁慶ガ七ツ道具ヲサシ飾タ様ニ文字ノ上事跡諸説ノ上ニツイテ道具責デ合点シ様ト思ハ浅マシキコト也」であり「世ノアホフラシイタワケタコト計《ばか》リヲ学文ト覚テ日ヲ送ル学者ハ爰《ここ》ノ望ガナイト見ヘタリ」と記している。

　我邦　皇統ノ相続テ、姓ヲ易《か》ヘ命ヲ革《あらたむ》ルコトノナキヲ尚《たつとん》デ主張スルヨリ、文王泰伯ヲ推立《おしたて》「拘幽操」ノ意ヲ重ンジ、終ニ湯武放伐ノ意ヲ深ク探ラズ、妄《みだり》ニ湯武ヲ大賊ノ如ニ云ヒナス。是究理ノ精シカラズ、一偏《ひとえ》ニ蔽ハル、ノ致ス処也。近日直方先生此ニ発明シテ、其論精緻ヲ極メ、其説平実也。孔子モ「湯武革《ため》レ命《を》、順《て》二乎天《に》一応《ず》二乎人《に》一、革之時義大哉」ト「大易」ニ述べ、「中庸」ニ「壹《たび》戎衣《して》而有《たもち》二天下《を》一、身不レ失《わ》二天下之顕名《を》一」トノ玉ヒ、孟子モ「湯武身《にす》レ之《を》」ト云ヒ、又「堯舜湯武其揆《はかること》一矣」トノ玉ヘバ、湯武ハ聖人ニテ毫髪《ごうはつ》ノ私意ナク、放伐可ニ当ルコト何ヲ疑ンヤ。文王泰伯ハ文王泰伯ノ理アリ、湯武ノ放伐ハ夫《それ》モ亦《また》理アルコトナリ。

ここで直方が言っていることはきわめて明瞭である。中国と日本、というよりむしろ中国思想と神道は基本的発想が全く違うから、その中から自分に都合のよい「拘幽操《こうゆうそう》」（韓退之）をとりあげて、中国で聖人とされている湯武を否定し、それで「神儒妙契」などといっても無意味だということである。事実、禅譲であれ放伐であれ、ともに万世一系すなわち「皇統ノ相続テ、姓ヲ易《か》ヘ命ヲ革《あらたむ》ルコトノナキヲ尚《たっとん》デ主張スル」思想とは全く別、禅譲は平和革命、放伐は武力革命であり、いずれにせよ中国の「国体の本義」は「革命」だということを無視して、「七ツ道具」で何やら証明したところで、それは「浅マシキコト」「ヲカシキ筈ノコト」にすぎない。

ここで、取り上げられている「拘幽操」については前に記したが、ここで、直方との対比に於て、もう少し詳しく検討してみよう。これについては絅斎も三宅尚斎も記しており、「拘幽操」こそ後述する『靖献遺言《せいけんいげん》』の「奥ノ院」なりとされている一書である。この内容は尚斎の解説がもっともわかりやすいから、次に彼の『拘幽操筆記』を記すことにしよう。

此書ハ、唐ノ韓退之文王ニ代テ、文王ノ心ヲ云出シタ者也。昔殷ノ紂王トテ、悪虐無道ノ君アリ。其時ノ三公（君主輔佐の最高の大官）ハ、九侯・鄂《がく》侯、サテ文王ト三人合テ、三人ノ大臣アリ。九侯ニ一人ノ美女アリ。紂王入レテ妾トセリ。然ルニ紂ハ淫乱ニシテ、其女ハ淫ヲ好マザレバ、怒テ其女ヲ殺シ、剰《あまつ》サヘ其親ノ九侯ヲモ殺シ、醢《ししびしおにす》レ之《を》。鄂侯是ヲ諫《いさ》メアラソウテ、キビシク云ケレバ、其鄂侯ヲモ脯《ほじしにす》レ之《を》。文王コレヲ聞《きき》玉ヒテ、私《ひそ》カニコレヲ歎キ、紂王ノ天下乱レンコトヲ憂《うれい》玉ヘリ。然ルニ崇侯虎トテ紂ガ出頭人（属官）、其由ヲ紂王ニ告ス。紂王怒テ、羑里《ゆうり》ト云処ニ文王ヲ獄屋ニ押込《め》トラヘ置タリ。ケ様《かよう》ニ我君ヲ大切ニ思テ、ヒソカニナゲキ玉ヒシニ、ソレヲアシク聞ナシ、却テ獄中ニトラヘタリ。常ノ人ナラバ、此時紂王ヲ怨悪《うらみにく》ム心アルベキニ、文王ハ大聖人ナレバ、毛頭怨ミ玉フ心ナクシテ、只我ニ罪アリト思召ス。此処トコフ（とやかく）云ヘヌ聖人デナケレバナラヌコト也。臣ノ君ニ忠スルト云忠ハ、此ノコトニシテ、是ヨリ上ハナイコト。其文王ノ獄中ノ心ニ韓退之酌《くん》デ書述《かきのべ》タリ。サテ〳〵ヨク聖人ノ心ヲ得タモノ也。ソレ故程朱モ殊ノ外毎々称美ナサレタナリ。ソレヲ「拘幽操」ト名《なづ》ケタハ、拘ハ獄中ニカ、ヘツナグコト、幽トハ獄中ノ幽暗ナルヲ云。操トハ人ノトリ守リ、ミサヲノ立タヲ云。其ヨク操ヲ守テ居《おる》ヲ歌ニ作タヲ、操ト云。ソレユヘ本ハミサヲノコトニテ、歌ノ曲ノ名ニモナリタ也。

以上その概要でそれにつづいて各語句の説明があるが、その中の「嗚呼臣罪」だけを次に記そう。

コノ段ガ「拘幽操」ノ骨本緊要ドコロ、文王ノ聖人タルユヘ也。韓退之ガ文王ノ心ヲ能云《よくいい》出シタ処。臣ノ大忠ト云モ、程朱ノ毎々称美シ玉フモ、此一段ニアルコト也。文王此度カゲニテ歎ジ玉ヒシハ、実ニ紂ヲ大切ニ思フテノコト也。シカルヲムタ（無法）ニトラヘテ、獄中ニ拘ヘヲクコトハ、何ニタル大悪ゾヤ。此トキ他人ナラバ、豈《あに》紂ヲ怨ムルノ心ナカランヤ。爾《しか》ルニ文王ハスコシモ紂王ヲ咎《とが》ムル心ナクシテ、自《み》吾《が》過チト思召シ、天王紂ハ聖明トサトク明ニシテ、少モ悪キコトナシ。只皆我《が》過チ、実ニ誅罰セラル、ベキハヅト也。スコシモ紂ヲトガメ怨ミ玉フ心ナカリシ証拠ニハ、其後三コ分《して》天下一《を》有二《たもち》二分一《を》玉フ時、ソノマ、紂王ヲ天子ト貴ビ、二分ヲヒキイテ、紂王ニソムキ玉フコトナシ。若《もし》少シモ怨ノ心アラバ、有二二分一トキ、豈紂王ニ服事センヤ。此心舜ノ（その父）瞽瞍《こそう》ニ事《つかう》ルト同ジ。瞽瞍舜ヲ殺サントセシカドモ、舜少モ怨《む》レ父《を》ノ心ナク、只吾孝ノタラヌコトヲ自身ニ哀《かなし》ミ玉フ。ソノ証拠ニハ、其後天子トナッテ、瞽瞍ニ事ルコト益〻至レリ。実ニ臣子ノ君父ニトガメヲカクル道理ハナキコト也。紂王瞽瞍ガ大悪ハ、天下ノシル処也。爾ルニ文王大舜ノ目ニハ、其悪ガ見ヘズ。コレガ大忠臣大孝子大聖人ノトコロナリ。人ニトガナクシテ、吾ガアシキサヘ、人ヲトガメ、吾ヲヨシト思フ人々ノ心ナルニ、トガナキ文王ヲ獄中ニトラヘヲク時ニ、文王吾《わが》罪ト思召テ、紂王ノトガト思召ス心ロナキ、実ニ何ニタル聖人ニシテ、爾ルヤ。

だがこうなると、この暴君紂王を討伐した武王は、大聖人でなくその逆のはずである。しかし中国では文王も武王も聖人なのである。ということは、直方のように見ていけば、中国政権授受は禅譲放伐であるから、このような文王へ紂王が禅譲すれば理想的なはずである。だがそれが行われなかった際、第二の手段として放伐があり、そこで次の武王は紂を討った。討っても、これが聖人であることには変りはない。理想的に行かなければ第二の手段をとるのは当然で、その基本は共に「仁」でそれを行いうるものが「有徳ノ天子」であり、それが統治者の資格だからである。この考え方は「皇統連綿」（百王一姓）とは全く違う考え方で、いわば価値の置きどころが別だから、二つの間に「妙契」などはあるはずがない。この、あるはずがないものをあると言おうとすれば、直方の言う「七ツ道具」を持ち出し、さまざまに〝論証〟する以外にない。それは彼にとって全く、ばかげたことであった。

だが、その前提をはずして、どんな暴虐な主君からどんな仕打ちをうけても、絶対服従でこれに仕えるのが「大忠臣大孝子大聖人」だと三宅尚斎のように受けとってしまえば、「君、君タラズトモ、臣ハ臣タリ」という日本的封建道徳になってしまう。こうなってくれることは、幕藩体制と自己の権力を維持しようとする徳川幕府にとってはありがたい思想になるであろう。だがこの「君、君タラズトモ、臣ハ臣タリ」は果して儒教の言葉なのであろうか——「三度《みたび》諫めて聴かざればすなわち去る」という言葉があるのに。これについては吉川幸次郎氏が大変に興味深いことを記しておられるので、次に引用させていただく。

……もっときびしいことばが、普通儒学的な思想として日本では理解されております。すなわち「君君たらずとも臣は臣たらざるべからず」、君主がどんな乱暴をしても、ばかであっても、臣下は臣下としての忠節を尽くさなければならない。同様に「父父たらずとも子子たらざるべからず」、父がどんなに乱暴でありばかであっても、子供に対する愛情がなくても、子供は至上命令として父に対する愛情をもたねばならない、そういうふうな理解が、儒学的なもの、あるいは『論語』的なものとして、あるのであります。これはたいへん重要な問題であります。

　実はこのことばですね、「君君たらずとも臣臣たらざるべからず、父父たらずとも子子たらざるべからず」ということばを、私はどこにあるのか捜すのにたいへん苦労いたしました。これは必ずしも私の学問が浅いからばかりではないと思います。そもそもこのことばとして現われるような思想は、思想として、中国では乏しいように感ぜられるのであります。さらにそれが具体的なことばとなって、原文でいえば「君不君、臣不可不臣、父不父、子不可不子」ということばですね。これは日本ではよく耳にしますが、一たい中国のことばとしてあるのかどうか、これは日本で発生したことばではないか、日本では儒学が武士道と結びつきましてたいへんきつい教えになっているので、あるいは日本で発生したことばではないかとさえ、一時は疑ったのであります。しかしとうとう、これは中国の書物の中で見つかりました。やはりそれは中国のことばではあったのであります。ただしそれは中国では片すみの書物に見えることばでありました。

『孝経』という書物がありますね。やはり孔子の作と伝えられる古典の一つで、孝行の道徳を説いた書物なのでありますが、その『孝経』自体ではありません。『孝経』の注釈の一つに、『古文孝経孔氏伝』という書物があります。それは紀元前二世紀、漢の孔安国という学者が書いたということになっておりますが、実はそうではないので、大たい七世紀のころ隋の時代、日本では聖徳太子の時代に当たりますが、隋の時代に孔安国の著述ということで偽作された書物だといわれております。その本の序文にこのことばが見つかりました。やっと長い間捜したあとで見つかりました。とにかくそのことばが見つかったので、鬼の首でもとったようにうれしかったことはうれしかったのでありますが、ところでこの『古文孝経孔氏伝』というのは、いま申しましたように成り立ちが怪しい書物であります。そうして中国では早くなってしまい、そんなに長く存在しなかった書物です。ところが日本ではその書物がたいへん長く保存されまして、ずっと読み伝えられました。そうしてこれは十七世紀ごろになりますが、日本の学者、というのは太宰春台ですが、この人が復刻いたしましたのが、中国へ逆輸出されまして、向こうでたいへんな評判になりました。つまり千年間、中国では行方不明であった書物、しかし日本では大切にされた書物、それにはいま申しました、「君君たらずとも臣は臣たらざるべからず、父は父たらずとも子は子たらざるべからず」という強いことばが、あるのであります。ということは、本来の中国の思想とその日本における演繹《えんえき》のされ方とは違っている、これはほかの面でもいろいろ認められるのでありますが、そういうことを示す一つの資料と思います。

これは大変に興味深い指摘である。いわば中国では消され忘れられてしまった偽書が日本では金科玉条とされ、儒学の精髄のごとくに伝えられる。さらに、これがたとえ中国で消え去らずとも、この言葉の受取り方は中国と日本では違うであろう。いわば「君臣有レ義」であるから、「君」の方がその「義」の規範を守らなくても、「臣」の方はそれと関係なく「義」の規範を守るということなら、その生き方は『靖献遺言』の謝枋得《しゃぼうとく》や方孝孺《ほうこうじゅ》のような行き方になっても、「完全追従」の意味にはならないはずである。吉川幸次郎氏の指摘されるようにこういう問題はさまざまな点に表われているであろうが、「禅譲放伐論」抜きの「正統論」や「敬義内外」などもその一つに入るであろう。

直方は朱子学の「正　統《オーソドキシイ》」をもって「正　統《レジティマシイ》」とした。ではその基本は何か。「湯武ハ天ト同徳ナレバ、実ニ天ノ子也。桀紂ハ天徳ニ反シタレバ、異姓也」であって、血統に基づく帝位の継承を原則としていない。いわば、「いわゆる万世一系」（正しくは「百王一姓」）などということは朱子学の原則から言えば、何の評価にも価しないのである。第一彼は、死人を神として礼拝し、それによって何らの力が得られるなどということは全く信じていない。吉川幸次郎氏が指摘されるように儒学は本質的に無神論なのであり、この点でも神道とは「妙契」しない。直方は次のように言う。「道理ヲシラヌ人ハ、死《しん》ダ人ヲテウハウ（ちょうほう）ガル。ウバ・カ、ノ仏ヲ尊信シ、本邦ノ禰宜《ねぎ》ノ神社ヲ尊信スル、同ジ。生《いき》タ人コソ調法ナレ、死ダ後ハ何ンノ調法ハナシ。聖賢ヲ尊信スルハ、其《その》言行ヲ尊信シタモノナリ。孔子ホドノ聖人デモ、言行ガ一ツモ残ラネバ調法ハナシ。異端ノ徒ガ仏神ノ力ヲタノミ、病ヲ除キ貨福ヲ求ルハ、カイシキ愚ナルコトナリ。

生タ人ハ妙薬デモ覚ヘテ云テキカスルコトモアルベシ、死ダル人ガナントスルモノゾ。我死後ニ我子孫ヲ人ガ討殺スコトアリテモ、ナントモシカタハナシ。死デ後ニ子孫ヲ守ルベキコト、可レ笑。生キテヲル善人知者ヲタヅネ出シ求ルノ合点ハナクテ、用ニモタ、ヌ死ダ人ヲ馳走スルハヲカシキコトナリ。古《いにしえ》ノ聖賢ヲ看ヨ。死ダ人ヲ尊奉スルコトハナシ。我先祖ヲ祭ルハ、一気ノシタシミユヘナレバ、是ハ各別ノコトナリ。ソレトテモ、調法ニシテ我《わが》人欲ノタスケニハセズ、アナタヘバカリノ尊敬ナリ」と。では一体「天子」すなわち「天ト同徳ナレバ、実ニ天ノ子也」とは、現実に何を意味しているのか。それは何らかの人格的・神秘的対象なら、その正統論には神儒妙契的要素があるのではないか。直方は次のように言う。

天ノ主宰ト云コト、天ニモノアッテ主宰トナルニ非ズ。主宰トイヘバ、玉ノ冠カブリテ天ニ坐シテヲルヤウニ覚ルハ、アヤシクナルナリ。上帝ノ、天帝ノト云モ、形ハナシ、主宰ヲサシテ云コトナリ。形ハナケレドモ、シメク、リノ処アリ。天理トバカリ云テ、ハツトシマリナキコトニハアラズ。シメク、リナケレバ、陰陽ノ流行、四時ノ序ヲミダサヌコト、万物ノ生生不変、其形ノスコシモカハラズ、生ジ出ルコトアランヤ。コ、ガ主宰也。「北辰居《て》二其所《に》一、衆星共《むかう》レ之《に》」ト云、「太極《は》造化之枢紐《すうちゅう》（肝要の所）、品彙《ひんい》之根柢」ト云ガ如キ、其シメク、リノ処ヲ云也。人心ノ主宰モ又同ジ。「朱子語類《に》」、「或問《ひととう》、以《て》二主宰《を》一謂《いう》二之帝《を》一。孰《たれか》為《るや》二主宰一。曰、自有二主宰一。蓋《けだし》天《は》是《れ》箇《の》至剛至陽之物。自然《に》如《く》レ此運転《して》不レ息《やま》。所コ以《は》如レ此《なる》必有《り》下為《る》二之《が》主宰一者上。這《この》様《の》処、要《す》二人自見得《んことを》一、非三言語《の》所《に》二能《よく》尽《す》一也。因《て》挙《て》下荘子《が》孰《たれか》綱コ維《する》是《を》一、孰《か》主コ張《するの》是《を》一十数句《を》上、曰他《かれもまた》也見コ得《たり》這《この》道理《を》二」、又曰、「高宗夢《む》二傅説《ふえつを》一、拠《れば》レ此《に》則是真《に》有二箇《の》天帝一、与二高宗一対答《して》曰《く》、吾賚《たもうに》レ汝《に》以《てす》二良弼《を》一。今人但《ただ》以《て》二主宰《を》一説《き》レ帝《を》、謂《いう》レ無《きを》二形象一、恐《くは》也《また》不レ得。若《もし》如《き》二世間《の》所《の》レ謂玉皇大帝、恐《は》亦不可。畢竟《ひっきよう》此理如何。学者皆莫《なし》二能答《うること》一」。コノ語ヲ以テ考ベシ。天人一理也。吾心ヲ敬シテ、ソノ主宰アルヲトクト味ヘシラバ、天ノ主宰モ知ルベシ。心ハ妙ナルモノナレドモ、敬セザレバ放ルナリ。天人一理ナルニ、天ハ流行無二間断一、人生々シテ不易也。人心ハイカンゾ放レテ妄動シ、天トタガツテ間断アルトイヘバ、人ハ血気ノ身見ト云モノガアルユヘ也。天ノ陰陽五行ノ気ハ形質ナキユヘ也。人身ハ五行ノ気ノカタマツテアルユヘニ、其稟《うけ》得ル所ニ気ノ清濁昏明、純駁厚博偏塞アリ。五行ノ気モ全ト不全トアツテ、一気ヅツ多少厚薄ノ差アルユヘニ、気質ノ偏イロ〳〵アリ。此ニヨツテ未発ノ静、已発ノ動ハ流レ出ルトコロ気ヘワタツテ、生レツイタル気質ノマ、ニ動《うごき》出ル也。気質ニツ（イ）テ、人欲ノ私ガ出テ、スキ好ムコト、気質ニヨル。コレニヨツテ未発ノ中ガマヅ偏倚アル故ニ、已発ノ時過不及アツテ不レ中《あたら》レ節《に》、喜怒哀楽皆不和ナリ。聖人ハ五行ノ気全稟《くうけ》テ、シカモ純粋ニ清明ニ厚フシテ、秀気ノ中ノ秀気タリ。故ニ具《そなわ》ル所ノ理モ正シク、未発ノ中、無二偏倚一、主レ静《を》トシ、已発ノ動、無ニ過不及一、喜怒哀楽中レ節《に》テ、和ヲナシ、本然ノ静ヲ不レ失、敬常ニ存ス。常人ハ右ノ如クナレバ、持敬ノ工夫セザレバ、皆不善ヲナシ、放蕩《ほうとう》トナル……。

現代人には少々わかりにくいであろうが、朱子の『近思録』と併読すれば、直方の言っていることは、まことに「朱子学の正統」という感じがする。これを現代風に説明しなおすと次のようになるであろう。まずこの中にある「本然ノ静ヲ不レ失」だが、これは周敦頤《とんい》の『通書』の基本概念の「主静」である。この「静」なる状態が宇宙の秩序の基本であり、基本であるがゆえに同時にこれが人間の秩序、すなわち道徳の法則の基本なのである。いわば前述のように朱子に於ては宇宙の基本と道徳の基本は同一であり、心が外物に動かされなければ両者自動的に一致する。しかし人間は知覚をもっているため、心が外物にふれてこれに感応すると情がはたらき、欲望を生ずる。しかし、それのない「静」なる状態なら、中・正・仁・義にかない、その行為はおのずから道徳に一致し、同時にこれが宇宙の原則と一致する。

　これが「天理」であり、直方が「天理トバカリ云テ、ハツトシマリナキコトニハアラズ」とはこのことで、これが「天ノ主宰」で「四時ノ序ヲミダサヌ」宇宙の秩序を司《つかさど》るとともに、人間の心も司っている。いわばこれが五行の性で仁義礼智信をいい、愛することを仁、事を決してよろしきを義、筋道を立てるを礼、是非善悪に通暁することを智、実を守りたがわぬことを信というわけである。これを全然努力しないでそのままに行いうるのが聖人であり、その内容を一言で表わせば「徳」である。これが「湯武ハ天ト同徳ナレバ、実ニ天ノ子也」であって、この天子が位につけば天の秩序はそのまま地上に成就するわけである。従って、こういう朱子学の正統《オーソドキシイ》に適合する人を正統《レジテイマシイ》の天子とするなら、「万世一系」だから正統だなどという議論ははじめから成り立たない。この前提に立って、前に記した「日本ノ古記ヲ考ルニ」にはじまり「父ヲ殺サレ兄ヲ殺サレテ、其殺《ころし》タ臣ノ差図ニ付テ天子ノ位ニ備ハリテ、ソレヲ恥トハ思ハズ……日本ハ一姓ニテ天下ヲ有《たもち》テ、他姓ノ人へ渡ラヌト云テ、結構ナルコト」などというのは大凡《おおよそ》ばかげた話で、「桀紂ハ天徳ニ反シタレバ、異姓也」ならば、日本の天皇も「一姓」でなく、「天徳ニ反シタ」そのときにすでに「異姓」なのである。

直方から見れば「儒神一致」とか「神儒妙契」などという考え方は、ばかばかしくてお話にならなかったであろう。しかし、時代はすでに、そういうことを率直に言いがたい「空気」になっていた。

その点で「拘幽操」を絶対化し、「湯武放伐」を否定した絅斎の方が、むしろ、幕藩的封建道徳にかなっていたであろう。だが、幕府から見れば、直方より絅斎の方が危険だったはずである。というのは、それは幕藩的封建道徳にかないつつ、なお、それが討幕へと進むエネルギーを内に秘めていたからである。これについては次章から記そう。

殉忠の思想

山崎闇斎《あんさい》は、朱子の正統論を論理的につめて行き、真に正統性をもつ支配者は日本の天皇しかいないことを論証した。この論証はあくまでも論理的な帰結だから、これを否定するなら朱子の正統論そのものを否定しなければならない。しかし朱子学は幕府の官学だから、幕府にはそれはできない。これは幕府にとっては一つの矛盾である。さらに天下を丸めて、まるく治めているから、その者に正統性があるとはいえないという考え方は、徳川幕府の正統性に疑問を投げかける端緒ともなる。こうなると幕府が正統性らしきものを主張し得る唯一の根拠は「天皇より将軍に宣下《せんげ》された」ということだけになる。これを強調されると、「将軍に反抗することは天皇に反抗することだ」ということになるから、正統論だけでは、社会を変革する力にはなり得ない。

まず第一に、その正統論を保持する者の規範はこのようであらねばならぬという絶対的規範が出来ること、第二にその正統論に基づいて歴史を記し、その史観に基づいて現状を正すという発想が出ること、そしてそれを義とするなら「敬義内外」一致という形で運動を起すこと、とならねばならない。そして各人がその絶対的規範に基づいて、歴史を正す運動を、「義」のために死をも恐れず乗り出すようになれば、それは社会を変革するエネルギーになり得る。

さらに朱子学はあくまでも中国の学問である。そこでもし人びとが「なるほど、中国の理論から言えばそうなりますな」と言っていては、それは知識であっても力にはなり得ない。また、「簒臣《さんしん》・賊后《ぞくこう》・夷狄《いてき》は正統とせず」の原則を貫いて最期をとげた凄惨な記事を読んで、「中国人は少々理解しがたい、これを同文同種などという人の気が知れない」などと言っていては、それを自己の規範とすることはできない。従ってそれを自己の絶対的規範とするには、それまでの伝統的な日本的発想をやめ、言いかえれば徹底的に「洗脳」して、古き日本人であることをやめて朱子学的な新日本人にならねばならぬわけである。だがそのためには、「伝道に基づく回心《コンヴァージョン》によって世界を変え得る」と信じているパウロのような人間、少々日本人離れがした日本人が出現しなければならない。それが浅見絅斎《けいさい》であり、彼の行ったことは、前記の「敬義内外」一致を基とする「絶対的な個人の規範」通りに人びとを動かす原動力をつくることであった。

確かに、絅斎のときにその素地はすでに出来ていた。山鹿素行《やまがそこう》の「中朝論」に表われている「日本こそ中国」説がある。前にも記したが素行が「中国」と書いているのは日本のことであり、日本人こそ真の中国人なのである。なぜこのような発想が出てきたかはすでにのべたが、こうなると、これとの誠《まこと》は「忠信」であるという儒教的発想が、正統性への絶対的忠誠すなわち殉忠と一体化し、これこそ「誠」で、まさにこれが、日本人が守らねばならぬ絶対的規範だということになる。

そして歴史は常に、こういう場合、その人間の行き方が「百十パーセントの中国人」になることを示している。いわば第二次大戦中におけるアメリカの「二世の忠誠」のようなものであり、この時代の二世の中には、余りに意識的にアメリカ人として振舞うため、文字通り「百十パーセントのアメリカ人」と言える人は少なくない。これと似た現象であり、「日本人こそ中国人」という行き方は、正統性を絶対化した中国人の行き方を「百十パーセント」自らに課する結果になる。

だが、中国の場合でも、正統に殉じた殉忠の人などは例外者である。伯夷《はくい》・叔斉《しゅくせい》はもとより例外者、後述する張巡などもその例外者で、そのとき天下のほとんどの人はすでに安禄山に従っている。しかしこの場合、彼が例外であるか否かは問題でなく、その彼がいかに評価されたかの方が問題であろう。というのは、彼の行動こそすべての人間が範とすべきものとされれば、その例外が後の人びとの絶対的規範となり得るからである。これは殉教者の場合も同じであり、この規範とすべき典型的な殉教者的中国人八人について記したのが絅斎の『靖献遺言《せいけんいげん》』である。

そこに記されているのが「百十パーセントの中国人」なら、面白いことにこれを記した絅斎（本名は浅見重次郎安正）という人間がまた「百十パーセント」の武士であった。というのは彼は武士の生れでなく町人の生れ、近江の富商の二男、家業は米穀商であった。従って家をついだ三男吉兵衛は生涯米穀商であったが、後半は零落していた。ではなぜ、三男が家業をついだのか。彼の父は、商人らしく先の見える人であり、これから天下に名をなすのは「武」でなく「文」であると見た。おそらく多くの世の父と同様、自分がなし得なかったことを子に託し、その将来に「新井白石」を期待したのであろう。

だが絅斎は必ずしも父の期待にそわなかった。兄の道哲も秀才であって医を志し、絅斎もその道を選んでまず医学を学び、高島順良と名のって医者を開業した。だが父はそれに満足せず、そのため家産を傾けても、絅斎に天下の名士と交わらせそれに師事させようとした。いわば一種の教育マニアであってそのためには産を失うことも辞せずで、この話は蘇峰・蘆花の父親を思わせる。日本にはこの種の「教育パパ」の伝統があるのであろう。だが絅斎は、当時のいわゆる「名士」にはだれ一人として心服できる者を見出し得なかった。そしてその彼がついに闇斎と相会い、この峻厳きわまる師に文字通り心服し、彼の弟子となった。

前述した「崎門《きもん》三傑」のうち「闇斎より闇斎的」といえるのが彼であろう。いわばその論法も生活態度も百十パーセント闇斎的、またその日常の生活規範は徹底的に自律的武士的であった。だが少々皮肉な見方をすれば、これも彼が「宮仕え」に関係なき独立独歩の町人の家に生れ、生涯、何人《なんぴと》の禄も食《は》まなかったからであろう。禄をもらいそれに依存していれば彼のようなわけにはいくまい。内村鑑三の言う「経済の独立なくして思想の独立はない」はまさに彼にあてはまる。そしてその意味で彼は、前にのべた徳川時代の自由人すなわち「浪人」の一人であり、武士出身でない武士的規範の徹底した実践者であった。その意味では百十パーセントの武士である。

だが晩年の彼は貧しかった。実家は父の教育道楽と相続した弟吉兵衛の経営的失敗で破産同然となり、逆に絅斎がさまざまな点で面倒を見てやらねばならぬ結果となった。弟子たちはこれを評して「先生の豪邁《ごうまい》をもって痴弟の家事に処す。実に千金の珠を以て鼠に投ずるが如し」と言ったという。しかし絅斎は、そのことを当然としながら、だれの招聘《しょうへい》にも応じようとせず「仰ぎて君となすは、独り天子あるのみ。天子を措《お》きて節を侯伯に屈するは、臣子たるものの徳に悖《もと》るものなり」と言ったという。この点、その師闇斎より徹底し、朱子学的正統性を絶対とするなら、それを絶対としている個人はいかなる規範に従うべきかを、身をもって示していたといえる。そして彼が自らの範としたのは『靖献遺言』の中に記した劉因《りゅういん》であろう。彼は元のクビライの時代の人、たとえ元という夷狄が「天下を丸めても」これの正統性を絶対に認めず、「中国処士」として家におり、儒を講じ、歌を作って、義を唱えつづけていた。いわば、実力をもって夷狄を撃ち、正統性を回復するには時を得ていないと判断したとき、士たるものが、将来を期していかにすべきかの規範を示した人である。だが、彼については後述しよう。

絅斎は自己の生存中に、徳川の天下が天皇の天下に変るとは思っていなかった。従って「外面的に」いわば「行動的に」幕府に抵抗することはせず、その点ではあくまでも幕府に従いながら、ひたすら教育によって将来に期し、そしてそのあるべき規範を「処士」に求めたわけである。いわば私生活は合法的、その講義も合法的で、説くところは官許の哲学の朱子学という点で、これまた合法的である。だが合法的を論理的につめて行けば幕府こそ非合法的存在であることが論証できる。それを真に人びとが納得し、同時にある客観情勢が到来したらどうすべきかを、実例をもって人びとに示しておく。彼はこの生き方を厳格に自らに課していた。

かつて紀州侯から、五百石で招聘したいという話があった。絅斎が言下にこれをことわったところ、仲に立つ者が驚いて言った。「将軍から招かれたら、どうなさるのか」と。これだけはいやと言えまいといったニュアンスがこの言葉にはある。絅斎はただ笑って言った、「島流しの覚悟」。この言葉は島流しにされても拒否するの意味にもとれるが、宇井黙斎はこれを、そのときは承諾して将軍の前に伺候し、「天下を天子に譲られよ」とすすめる決心であったと解している。もしこれをやれば、この場合も確かに島流しであろう。

いずれに解すべきかはわからないが、平生の言動から見て、また『靖献遺言』の中の人物から見て絅斎ならそれくらいのことはやりかねないと人びとが解しても不思議ではない。だがこのことも劉因との対比で検討すれば、少し違ってくるであろう。劉因はクビライから出仕を命じられ、命に従って出仕し、その日に辞表を出して一銭の報酬ももらわず去ったが、同じことをやれば無礼として島流しぐらいにはなるであろうと彼は考えていたのかもしれない。しかしそれらについて語る前に、今までしばしばその書名をのべてきた『靖献遺言』について、まずその概略を記すことにしよう。

一体『靖献遺言』とは何を意味するのか。靖献は『尚書』微子篇の「自ラ靖《やす》ンジテ人自ラ先王ニ献ズ」に基づき、その通常の解釈によれば「靖ハ安ナリ。各々其ノ義ノ当《まさ》ニ尽スベキ所ニ安ンジ、以テ自ラ其ノ志ヲ先王ニ達シ、神明ニ愧《は》ヅルコトナカラシム」を言う。また「遺言」はいわば「絶命の辞」であり、通常の「遺言」より、むしろ「絶対的遺訓」または「遺命」である。生死を問題とせず絶対的規範を順守した者の最後の言葉ともいうべきもので、その意味でこの書の内容は西欧の「殉教者列伝」にきわめてよく似ている。言うまでもなく「殉教」とか「殉忠」とかは、自分の命より何らかの規範を絶対化している場合に起り、『聖書』の場合はこれが基本的には「神との契約」である。そして面白いことに「新約聖書」の「約」だが、この「約＝契約《ディアテーケー》」には「遺言」の意味がある。確かに遺言は、残された生者が自分の意志で変更できない絶対的契約であろう。またユダヤ教の「ミシュナ」には、その規範がなぜ絶対であるかの根拠として「父祖の遺訓《ピルケ・アボート》」という章がある。もちろん中国には契約宗教はないが、「聖人君子」にはじまる「絶対的規範型」ともいうべきものがあり、その規範型に従うか否かが絶対的規範に従うか否かになり、これもまた「神との契約」の契約内容のように「正典《カノン》＝尺度」となり得る。『靖献遺言』とはまさに、その規範を絶対に守って殉教した者の絶命の辞なのである。従ってこれが社会に与えた影響が、「殉教者列伝」が西欧キリスト教社会に与えた影響と同じであって不思議ではない。

　このような場合、規範を箇条書きにしても社会に影響を与え得なくて当然である。絅斎が「空言をもって義理を説くも、人を感動せしむること薄し。事蹟を挙示し、読む者をして奮然として感憤興起せしむるに如《し》かず」と考えたのは当然であった。事実「教育勅語」は、それをうやうやしく奉読された経験のある者にとっては、ただただ眠くて退屈なだけである。また組織神学が人を感奮興起さすこともないであろう。そこで絅斎は、規範の原則は同一でも、それぞれの情況に応じて各人がそれをいかに生くべきかを、八つの事例に基づいて八章に分けて記した。その目次は次のようになっている。

㈠　離騒懐沙賦（屈平＝屈原）、㈡　出師表《すいしのひょう》（諸葛《しょかつ》亮＝孔明）、㈢　読史述夷斎章（陶潜＝陶《とう》淵明《えんめい》）、㈣　移蔡帖（顔真卿）、㈤　衣帯中賛（文天祥）、㈥　初到建寧賦詩（謝枋得《しゃぼうとく》）、㈦　燕歌行（劉因）、㈧　絶命辞（方孝孺《ほうこうじゅ》）

この中には現代の日本人にもその名が知られている者、また文天祥のように戦前の教科書に載っていた者もおり、「汨羅《べきら》の淵に波さわぎ……」ではじまる青年将校の愛唱歌「昭和維新の歌」はいうまでもなく屈平のことである。だが、彼の絶命辞の「離騒懐沙賦」を彼らは知っていたであろうか？　もちろん、戦後になってもこの歌を騒々しく街頭で流している右翼は「ベキラのフチ」と言ったところで、何のことやら知るまい。だが徳川時代はそうでなく、みながこれらの人についてある程度は知っていた。その各々については後述するとして、絅斎がなぜ、その範を日本に求めず中国に求めたかを検討してみよう。絅斎はその理由を次のように記している。「幕府開始以来、楠・新田・菊池諸公の如き、忠臣踵《くびす》を接して出《い》ず。これら諸公の忠烈を表顕するときは、幕府は当然賊たらざるべからず。徳川将軍もしこの書の幕府をもって賊となすと見ば、自己に害ありとなし、必ず発行を禁止し、版木を毀滅するや明らかなり。然らばせっかくの志望も、水泡に帰するに至らん。如《し》かず、漢土の忠臣義士を表彰せんには」と。確かにそうであったろう。しかし、この著作の目的が渡辺予斎の言ったように「名教を厳にし、士気を振わんと欲して」である以上、絅斎の言をそのままに受け取るわけにはいくまい。

というのは、この書を現在そのままに読めば、「日本人と中国人とは何と違った民族であろう」と思わざるを得ない。正統性の絶対化であれ人肉食であれ、われわれの文化とは無縁である。徳川時代の人間は、「天下を丸めれば」そのものに正統性があると信じて疑わなかったし、人肉はおろか動物さえ食べなかった。いかに忠勇義烈であれ、人肉を食して籠城をつづけたといった例は日本にはあるまい。たとえ楠木正成とて、もしそれを要求されれば「そこまでは！」と言ったであろう。だがこの本から日中は規範が全く違うといった結論を出されては、絅斎にとっては、この書を記した意味がない。そこで、日本にはこれ以上の士がいるが、幕府に弾圧されて発行停止となれば無意味だから中国に例を求めたと言って不思議ではない。しかし虚心にこの書を読めば、ここにあげられているような人間は、日本にはいなかったと言わざるを得ない。後述するが、謝枋得も劉因も方孝孺も、日本にはいない。結局絅斎は、その範を中国に求めざるを得なかったのが真相であろう。だがそう言い切ってしまえば、日本と中国は別規範になってしまうから、彼にとっては、著作の目的が逆に否定されることになる。それが前述のように言った理由であろう。

これは別の面からも言いうる。というのは楠公賞賛は光圀も行っている。いや光圀だけでなく、これは朱舜水《しゅしゅんすい》によって点火された流行であった。また絅斎の弟子の望楠軒(若林)強斎は、その号の如く徹底した楠公絶対論者である。従って、正成や義貞を称揚しただけで、幕府に弾圧されるとはいえない。少なくともこの時代には、幕府の正統性は天皇の宣下によるだけであるから、皇室尊崇は必ずしも反幕ではなく、むしろ逆なのである。闇斎が保科正之の師であって当然なら、紀州侯が絅斎をスカウトしようとして不思議でなかった。従って、範を中国に求めたのは、それに等しい例を日本史に見出すのがむずかしかったこと、と同時に絅斎が前記のように言ったのは、日本人こそ真の中国人なのだから、これが日本人の規範であらねばならぬということであっただろう。ただ彼は後に「日本こそ中国論」をある程度〝改訂〟しており、その考え方は昭和の戦前まで残っていた。私自身、国定教科書で文天祥を読まされた一人だが、そのとき、真の中国の伝承を継承しているのは中国人でなく日本人である旨教えられた。絅斎の立場はほぼこの立場である。

絅斎の大きな特徴は、闇斎が論理的につめた朱子学の正統論を一歩進めて、幕府を「簒臣」と規定したことであり、明治維新への第一歩はこのとき、すなわち彼が『靖献遺言』を刊行した元禄元年（一六八八年）にはじまったといってよい。湯浅常山の『文会雑記』に「もし時を得ば義兵をあげて王室を佐《たす》くべしと言て靖献遺言を作りしなり」と記されているが、絅斎が本当に望んでいたのは著作よりむしろ実際行動であった。そして彼は日々、その日に備えて武術をも怠らず、その日常は最も自らに厳格なる武士と同じであった。彼は江戸を敵地と考えていたので生涯江戸の地を踏まず、「我已《すで》に足関東を踏まず、食を求めて諸侯に仕えず、出処進退の事に於て、一も古賢に恥ずる所無し」と言い、生涯、京都を離れなかった。またその門人の三宅観瀾《かんらん》が光圀の招聘に応じて『大日本史』の編纂に従事することになったとき、水戸とて幕府の分れ、武家に仕えるのはけしからぬとこれを破門した。事実、幕府側にあって尊皇を説くものは、幕府を絶対だとする者以上に、彼にとっては非難すべき存在であった。というのは、その者には回心《コンヴァージョン》はあり得ず、それは保守党政府に奉仕するマルクス学者のようなものだからである。

そのような点で、絅斎は決して売文の徒ではなく、『靖献遺言』に記されている規範は、だれよりも先に自らの規範であった。では八人中のだれを自らの規範としたのか。それが前述のように「処士劉因」であった。もちろん「陶潜」も処士だが、絅斎の行き方は劉因に近い。弟子の筆記した『絅斎先生講義』には次のように記されている。

総じて処士と言うは殊の外重きことなり、その段三巻目に具《つぶさ》に言う。さて残り七人には、国の名か、世の名を書かぬはなし。それはみなその国世に対して忠義を尽すほどに、もとよりすぐに国世の名をそれぞれに名乗るでよし。何とて劉因ばかりは（処士以外に）何とも書かぬぞ。

さるはそれこそ大議論があるぞ。この人、戦をしたるにてもなし、いずれを君として忠を尽すにてもなし、宋人かと言えば、劉因の生国は宋以前より夷狄の地と成ってあり、金人かと言えば、幼少より仕えたることなし、元はもちろんその通りなり。さらば何として仕えぬぞといえば、因が生れたる地は伏羲《ふっき》以来極りたる中国の地なるを、石晋より以来、三百余年夷狄に陥りて、因はすなわち先祖以来中国の民にて、名氏をつけたる人なれば、どこまでも夷狄の筋なる者には仕えぬぞ。それで上に冠すべき名が無し、是非とも言えといわば、中国処士と言うべし。それでここにも名を何とも挙げぬで大義が別して明らかなるぞ、されば大義と言うに、劉因ほど大なる大義はなし。その段あとで見える。

この絅斎の言葉を少し敷衍《ふえん》しよう。彼はこの章を「劉因、字《あざな》は夢吉《むきっ》、保定容城の人なり」ではじめている。保定はその昔堯舜が都したといわれる地、いわば中国発生の地である。しかし五代のとき、後唐の従珂《じゅうか》と河東の節度使の石敬塘《せきけいとう》の間に争いが生じ、これを討つため従珂は大兵をさしむけた。石敬塘は契丹民族の東丹（後の遼）のヤリツアボキ（遼の太祖）に援兵を請い、臣と称し、また父として仕え、地を割譲しようと申し出た。そこでヤリツアボキは大軍を率いて南下し、従珂の軍を破ってこれを自殺させた。そこでヤリツアボキは石敬塘を大晋皇帝とした。すなわち後晋の高祖である。彼は約束に従って直隷、山西北部等を割譲した。

その後、宋の徽宗皇帝のとき、満州の地に女真族が興り、首長アクダ（金の太祖）のとき遼に侵入した。宋はこれを知って金と同盟を結んで遼を挟撃し、後晋以来占領されていた土地を取りもどした。しかしそれも束の間、こんどは金が侵入してその土地はもちろんその他をも奪われ、その金が滅びた後は元が占領していた。劉因が生きていたのはこの元の時代である。絅斎はまず彼の生地が中国文化発生の地であると暗示する。彼はこれを、自分が生涯そこから動かなかった京都になぞらえているのであろう。また夷狄の占領期間を三百年と記しているが、これは後醍醐天皇の建武中興から絅斎の時代までが、その念頭にあったであろう。

彼にとっては、幕府の支配下にあることは夷狄の支配下にあることとであった。「簒臣、賊后、夷狄」は正統性をもたないなら、正統性なき統治者の幕府を夷狄と見なして不思議ではない。だがその状態を、劉因も絅斎も独力ではいかんともしがたいのである。

では劉因はどのようにしたか。まず本文を少し読んでみよう。

「因、字《あざな》は夢吉《むきつ》、保定容城の人。天資人《ひと》に絶し、三歳にして書を識《し》る。日に千百言を記し、目を過ぐれば即ち誦を成す。甫《はじ》めて弱冠にして、才器超邁、日に万冊を閲し、古人の如き者を得て之《これ》を友とせんことを思い「希聖《きせい》の解」を作る」と。彼は最初専ら訓詁註解に専念していたが、そのたびごとに嘆息して「聖人の精義、殆ど此《ここ》に止まらず」と言っていた。単なる訓詁では真の理解はおぼつかないの意であろう。ところが宋の周・程・張・邵・朱・呂といった人びとの著作を見て、「我固《もと》より謂《おも》えり、当《まさ》に是《これ》有るべきなりと」と言った。以上の学者は邵（邵雍《しょうよう》）は別格だが、他は周↓程↓張↓朱↓呂の系統にある思想すなわち大体「朱子学」の正統派と考えてよい。

蚤《はや》く父を喪《うしな》い、継母に事《つか》えて孝なり。性、苟《いやし》くも合わざれば、妄《みだ》りに交接せず。家甚《はなは》だ貧しと雖《いえど》も、其の義に非《あら》ざれば、一介を取らず（介は芥《あくた》、塵《ちり》一つもらわぬの意）。家居して教授し、師道尊厳。弟子其の門に造《いた》る者、材器《さいき》に随《したが》って之を教え、皆成就する有り。公卿の保定を過ぐる者も因の名を聞き、往々来り謁す。因多く遜避し、与《とも》に相見ず。知らざる者、或は以て倣と為《な》すも、恤《うれ》えざるなり。嘗《かつ》て諸葛孔明の「静以《もっ》て身を修む」の語を愛し、居る所を表して「静修」と曰《い》う。

この文章もまた絅斎が、劉因に強い共感を抱いていたことを示している。その日常が似ているだけでなく、絅斎にも継母がおり、これが大変に病弱であった。彼は一日の講義が終ると、日暮れから弟の家に行き、徹夜で看病をして明け方にわが家に帰り、病中にはこれを一日も欠かさなかったという。また絅斎が多くの諸侯から招聘をうけたように、元の世祖すなわちクビライは、劉因の名声を聞いてこれを自分に仕えさせようとした。当時はいわば元の最盛期であり、唯に中国だけでなく、全アジアをその支配下に置いており、クビライの命令に従わないものは、アジア大陸のどこにもいなかったといえる情況であった。

元の世祖、薦《すすめ》を以て之を徴《め》し、右賛善大夫《ゆうさんぜんたいふ》と為《な》す。尋《つ》いで継母の老いたるを以て辞し帰り、俸給は一も受くる所無し。後、世祖復《また》使者を遣《つか》わし、徴《め》して集賢学士と為《な》す。疾を以て固辞す。世祖之を聞いて曰く、「古《いにしえ》に所謂《いわゆる》召さざるの臣有りとは、其れ斯《こ》の人の徒《と》か」と。遂に彊《し》いて之を致さず。至元三十年卒す。年四十五。聞く者嗟悼《さとう》す。

これがその略歴である。いわばいかなる権力者の命令といえども、また固辞する余裕がなく不意に来たものでも、辞表を出すために一日出仕して俸給をもらわずに去ることは可能であり、予めその話があればあくまでも固辞して受けない。ただここで面白いことは、クビライが、劉因は「夷狄の王朝だから、あくまで仕えない」という態度をとったのだとは思っていないことである。彼はこれを「中国には昔から、功業をなす君には必ず召さざるの臣というのがいた」。いわば、もし相談すべきことがあれば、自分の方から訪ねて行くべき臣がおり、「これは劉因のような人を言ったのであろう」と解したことである。彼はそう解されて不思議でない人物であった。そこでクビライも以後は強いて招聘しようとしなかった。権力者とは、そう解するものであろう。

以下に劉因への批評がつづく。絅斎の批評の仕方は大体形がきまっており――もちろん例外はあるが――まず先人の批評を記してから自らのそれを記し、ついで劉因の逆を行った人を反面教師として記してこれを批評し、最後に結論をのべるという行き方である。

彼はまず欧陽玄《おうようげん》の「処士を言う、必ず劉静修（劉因のこと。「静修」は前出）を宗とするなり」の結論に至る批評を引用する。面白いことにこの欧陽玄は処士でなく、元朝に仕えた学者で翰林《かんりん》学士なのである。いわば彼の反対の立場にありながらなお、処士を高く評価している。だがこれは相当に難解な漢文なので、次に敷衍訳を記すことにしよう。「なぜ処士を貴《たっと》ぶのかと言えば、自己の規範を完全に守り、その人の存在そのものが規範となることによって、一国が敬慕するようになり、それによって国家社会の規範が確立できるからである。すぐれた君主が出て、天下の豪傑を一まとめにし、天下を一握りにしているような権力を持っていても、爵位や俸禄をもって招聘できない人に会うと、そこではじめて先王道徳の美に気づき、それに勝るはずがない自己の権力より、処士が頑として守っているものの方が貴いことに気づく。こうして処士の規範で、はじめて権力者の施政の方針がきまり、一般民衆の習俗も立派なものとなる」……「劉因は……皇帝の権威を以てしても、いかんともなし得なかった清節の士であった」。

これにつづいて絅斎は他の儒者の賛辞を短く記し、さらに劉因の思いを語る。保定の地は昔の「燕」、堯舜の地で、また太子丹が秦王への刺客荊軻《けいか》を送った有名な地である。それも今では長く夷狄の地となり、昔をしのぶ面影もない。この変り果てた世にいて、昔をしのび、燕を思い燕をしのぶ歌曲を彼は歌う。「青丘遥《はる》かに相連《あいつらな》り、風雨嵯峨《さが》を藪《やぶ》る。七十斉の都邑《とゆう》、百二秦の山河、学術の管・楽有《あ》り、道義に丘・軻《きゅうか》なし。蚩々《しし》たる魚肉の民、誰と与《とも》にか干戈《かんか》を休めん。往時已《すで》に此《かく》の如し、後来復如何《またいかん》……」。亡国の民の悲哀、その中で絶対に古来の規範を崩さず、自己の文化を固守する者、これは「われバビロン川のほとりに坐して……」というあの捕囚の歌を思わせる。絅斎がこの章を「燕歌行」としたのは、これによる。

ついで絅斎は、反面教師ともいうべき許衡《きょこう》をあげる。彼は劉因に優るとも劣らない大学者であり、彼の師はその父に「児は凡ならず。他日必ず大いに人に過ぐるあらん。吾はその師にあらざるなり」と言って辞した。そのため彼は三度も師を変えたという。後に元に仕え、集賢殿大学士となり、朱子を強く推賞した。宋が滅びても朱子学が滅びなかったのは彼の功績であるという。劉因には劉因の生き方があり、許衡には許衡の生き方があって良いのではないか——だが絅斎はそのような見方を断乎として排する。彼にとって正統性の絶対化はまさに「あれか、これか」であっても決して「あれも、これも」ではなく、黒白を決着し、決して灰色は認めず、その態度は宗教的といえる。

彼はまず、許衡への先人の批評を収録する。これは非常に量が多いので、その中の丘《きゅう》濬《しゅん》の批評の一部とつづく絅斎の意見を次に引用しよう。

丘濬又曰く、「嘗《かつ》て劉因作る所の「退斎記」を視《み》るに、曰《い》える有り、「老子の術を挟む者は、一時の利益を以てして、而《しか》も天下の休戚《きゅうせき》を節量し、其《そ》の終りは必ず国を誤り民を害《そこな》うに至る。然《しか》り而《しこう》して万物の表に特立して、而も其《そ》の責《せめ》を受けず。且《かつ》、方《まさ》に孔孟の時義、程朱の名理を以て、自ら居て疑わずして、人も亦之《またこれ》を奪うことを知ること莫《な》きなり」と。其《そ》の徒、陳俊民、請《こ》いて曰く、「彼（許衡）方《まさ》に時を得て道を行い、大いに文風を闡《ひら》き、衆人之《これ》を宗とすること伊洛（程子のこと）の如し。先生之を斥《しりぞ》けて老子の術と曰うは何ぞや」と。此の言に由《よ》って之を視れば、即ち因の仕えざる、蓋《けだ》し的然として見る有り。其の辞に所謂《いわゆる》孔孟程朱を以て自ら居り、及び其の徒の所謂君を得て道を行い、衆、伊洛を以て之を宗とするを味うに、許衡を指すに似たり。若し然らば因も亦《また》衡の元に仕うるを然りとせざりしか」と。

これは面白い議論である。というのは天下に道を行い、夷狄の元をも中国化して、孔孟程朱の伝統を保持した許衡の方が孔子の行き方に近く、野にあって超然としていた劉因の方が老子に近いように見えるからである。劉因は許衡を基本的には老子の立場にありながら孔子の教えを説く者と見ていた。許衡は王朝の正統性から超然として自由に孔孟程朱を説いている。それは一見、時代から超越した自由なる境地にいる者に見える。しかし、超然としていることは、その体制をそのまま認め、百パーセントそれに従属していることなのである。

これについては神学者のパウル・ティリッヒも、「歴史の外にある自由」を求める者は、体制の絶対的な支持者になるとして、思想の基本は違うとはいえ、同じような見方をしている。人間を「歴史的存在」と見る点では、その歴史の把握が違うとはいえ、ヘブライズムの世界も中国も似た点がある。従って、元という夷狄に支配されている歴史の一齣から超然としているような態度の許衡は、その自己を律している規範は老子のそれのはず、そのくせに説くところは孔孟程朱の名分論で正統派の継承者のような顔をして天下の大儒になっている。このようなタイプは非難をうけない。そこでだれもその地位を奪おうとしない。一方劉因は「孔孟程朱を以て自ら居り」それを自己の絶対的規範としている。そして絅斎は、許衡が元に仕えたことを、劉因もまた正しいこととは見ていなかったとしている。これでは、彼が『大日本史』の編纂に従事すべく水戸に仕えた三宅観瀾を破門して当然であろう。

だが面白いことに許衡もまたそのことを自覚していた。「又曰く、「衡、嘗《かつ》て其《そ》の子に語って曰く、〈我《われ》平生虚命に累《わずら》わされ、竟《つい》に官を辞すること能《あた》わざりき。死後は慎みて謚《おくりな》を請うこと勿《なか》れ、碑を立つること勿《なか》れ。但《ただ》、許某之墓の四字を書し、子孫をして其《そ》の処を識《し》らしむれば足れり〉と。衡の此《こ》の言を視るに、固《もと》より自ら其の元に仕うるの非を知れり」と」。絅斎はそう解釈しているが、許衡が本当に「非」と考えていたか否か、私は疑問に思う。というのは彼はおそらく、歴史から抹殺されていくことが自分の歴史的な任務であると自覚し、自らの手で自らを消すことでそれを実行したと私には思えるからである。この点、中国人はまことに一筋縄ではいかない、単細胞の短絡的人間とは縁遠い人びとである。日本に協力した汪兆銘《おうちょうめい》なども、自分を許衡に擬していたのかも知れぬ。

だが百十パーセント中国人で、百十パーセント士である処士の絅斎はこれを認めようとしなかった。彼から見れば許衡こそ許しがたき人物、それは幕閣にあって超然と尊皇を説き、それによって逆に問題の焦点をあいまいにして、幕府を強化しているような存在、戦後でいえば「官給進歩的文化人」のようなものであろう。絅斎は「梁曰く、「衡、中国の人を以て、冠を毀《こぼ》ち冕《べん》を裂き、以て夷王に事《つか》え、以て我が中国帝王の統を絶つ……」」等々さらにさまざまな人の言葉を引用して、許衡を否定する。事実、許衡のような態度をとれば、革命すなわち倒幕など起り得ないからである。しかしそれは省略して、本章の結論すなわち絅斎の生き方を示すものとして、彼が引用した劉因の「孝子田君の墓表」を記して終ろう。

嗚呼《ああ》天地至大、万物は至衆にして、而して人、一物に其《そ》の間に与《あず》かる。其の形たる至微なり。天地未生の初より、天地既壊の後を極め、前瞻後察《ぜんせんこうさつ》、浩乎として其れ窮《きわ》まりなく、人、百年に其の間に与かる。其の時たる幾《いく》ばくも無きなり。其の形は微なりと雖《いえど》も、而も以て天地に参ず可《べ》き者有りて存す。其の時幾ばくも無しと雖も、而も以て天地と相終始すべき者有《あ》りて存す。故に君子は平居無事に時に当りて、其の一身の微、百年の傾《けい》に於いて、必ず慎《つつ》しみ守りて而して深く惜しむ。惟《ただ》、その或は傷《きず》けて而して之を失わんことを恐る。実に以て夫《そ》の生を貪《むさぼ》ること有るに非ざるなり、亦将《またまさ》に以て夫《か》の此《これ》を全うせんのみ……。

これを『資治通鑑』の「天地位を設け、聖人之《これ》に則《のっと》りて、以て礼を制し法を立て、内に夫婦あり、外に君臣あり……」といった考え方と対比すれば、劉因の言わんとする所が明らかになるであろう。天地の秩序は絶対であり、その絶対に基づいて聖人は人間社会の秩序を立てた。従ってこれに従うことは、たとえ短い生涯であっても、その間に「天地と相終始する」ことなのである。従ってそれに則して生きかつ死ねばよいのであって、ただ死を恐れて生を欲することは「是れ其《そ》の生を全うせんと欲して、而も実は未だ嘗《かつ》て生きず、一死免れんと欲して而も継ぐに百千万死を以てするなり」になってしまう。いわば「あのとき大義に死ねば……」と思い暮すことは生きているとはいえず、同時に何百回と死ぬに等しいことなのである。「嗚呼、哀しむに勝《た》う可《べ》けんや」と。

こうなれば、正統性を絶対化し、その回復のためにいつ死んでもよい、という人間が出て来て不思議ではない。そして劉因がそれに備えて、自らの規範を自ら生きかつ死ぬように、絅斎もまた同じ行き方をしている。彼は、それ以外の生き方を絶対に認めようとはしなかった。そしてここにすでに「天壌無窮」とか戦時中の「死してもって悠久の大義に生きる」といったような、その理由が本人にも理解されないままに、その本人を絶対的に拘束していた思想があるのである。明治は絅斎を消した。それが逆に理由のわからぬ呪縛となってくる——だがこれは、本書の結論で探究すべき問題である。

書くべきことは多いが、この「諸侯に仕えざるの記」はこれくらいにして、さらに先に進もう。

政治が宗教になる世界

『靖献遺《せいけんい》言《げん》』を読むと、私などには、中国人とはつくづく不思議な民族だという気がする。

「政治」とは彼らにとって宗教であり、絶対的な対象であり、同時に救済の手段であった。それはもちろん、基本は聖書の世界とは違うが、しかし、表に現われた現象だけを見ていくと、不思議な類似点があることは否定できない。彼らには宗教的な意味の「殉教」はないが、政治的な意味の「殉教」はある。これを「政治的殉教」と定義するなら、これと対比しうるものは、聖書の宗教すなわちユダヤ教とキリスト教にしか求め得ないであろう。

「政治が絶対である」という意味はもちろん「政権が絶対である」ということではない。逆であって「政治が絶対であるがゆえに、一個人が、政権と対決して政治に殉ずることができる」という意味である。政治にしか救済がないということは、ある意味では、恐ろしい状態だと言える。そしてそれが一種のうす気味悪さをもって迫ってくるのが、『靖献遺言』の末尾に記されている「方孝孺《ほうこうじゅ》」の「絶命辞」である。

旧約聖書の「列王紀《メラキーム》」を読むと、しばしば次のような一種の定型句が出てくる。「オムリはヤハウェの目の前に悪を行い、彼より先にいたすべての者にまさって悪い事をした。彼はネバテの子ヤラベアムのすべての道に歩み、ヤラベアムがイスラエルに罪を犯させ、彼らの偶像をもってイスラエルの神ヤハウェを怒らせたその罪を行った。オムリが行ったその他の事蹟と、彼があらわした勲功とは、イスラエルの王の歴代志の書にしるされているではないか。オムリはその先祖と共に眠って、サマリヤに葬られ、その子アハブが代って王となった」と。これは一種の「論賛」であろう。

だがこのオムリという王は、政治史的に見れば、古代イスラエル最高の明君と言わねばならない。彼のときにこの国は栄え、内治・外交・軍事のすべてに成功し、アッシリアの記録ではイスラエルは「オムリの家」と、その後も永く呼ばれている。確かに彼に「勲功」と「事蹟」があったことを聖書の記者も認めてはいるが、それらは全く評価されておらず、その評価の基準は、彼が「神との契約」に誠実であったか否かだけなのである。

では、それに誠実であれば、その結果国が滅び、自らも滅びてもよいのであろうか。答は「よい」である。彼らにとって絶対なのは国でもなければ王権でもなく、また自らの生存でもなかった。

方孝孺と永楽帝の関係は、オムリと聖書の記者との関係を思わす。明の成祖永楽帝は、明朝中興の祖、文字通り稀世の名君英主であり、「名君」の代名詞と言ってよい。彼の登位は西暦でいえば一四〇二年、まず内政を刷新し、後の「内閣制度」の起源ともいうべき「殿」「閣」の制度を定め、「永楽大典」「四書大全」「五経大全」「性理大全」等の編纂で文化を振興し、科挙の基準を明らかにして教育の基本を定め、南海の三十余国を入貢させた。中国人の南方における経済発展はこのときに基礎が置かれたと言ってよい。また日本、インドとの間にも貿易がはじまった。足利義満が遣明使を送ったのも彼の時代で、永楽銭は日本でも流通した。また北に親征して元の残存勢力のタタール、オイラートを破り、満州の女真を鎮撫して自らの勢力下に置いた。どちらから見ても、中国の黄金時代を築いた皇帝である。

だがこの皇帝を頑として拒否し、一族ことごとくみな殺しにされても、彼を皇帝と認めない人がいた。理由は——彼は「簒臣《さんしん》」であった。そしてただ、それだけである。「列王紀《メラキーム》」の表現を借りれば「彼は、聖賢の示した道の前に悪を行った」のである。その一事のゆえに、彼を絶対に拒否し、嬲《なぶ》り殺しにされても彼を認めようとしない人がいた。この背後には、政権以上の「ある絶対性」とそれに基づく個人の絶対的規範がある。そしてその基となっているのは、前述の劉因と同じような考え方である。すなわち「天地未生の時より既壊の時まで」いわば「創造より終末まで」それを貫く一つの絶対的基準があり、それが「義」であって、人はその「義」を絶対的規範として生きる、これが劉因にとっては「生きる」ということであり、その規範を破ることが死であった。同じことは方孝孺にも言え、それがさらに凄絶に表われている。「死して以て悠久の大義に生きる」。戦争中、東条首相はそんなことを言った。だが彼は、方孝孺のことも『靖献遺言』のことも知らなかったであろう。そしてこの言葉の意味は、言った方にも言われた方にも、具体的には、何のことやらわからなかったであろう。私自身も、何の意味やらわからなかった。それでいて、人びとはこの言葉に何となく抵抗できなかったのである。前にも記したが——いやこのことは何度でも言おう——それは明治が『靖献遺言』を消し、何がゆえにこの言葉に拘束されるのか、言う方も言われる方もわからなくなり、そのため意味不明の呪縛となったからである。「消す」、これくらい恐ろしいことはない。それなのに戦後はまた、戦前を「消す」ことではじめている。

だが、先へ進もう。成祖永楽帝は太祖の第四子、名を棣《てい》といい、燕王に封じられていた。従って当時の皇帝建文帝はその甥にあたる。彼はこの甥に対して反乱を起した。絅《けい》斎《さい》はその間の事情を次のように記している。「初め懿《い》文《ぶん》太子の弟、太祖の第四子棣《てい》、燕王に封ぜられ、素《もと》々《もと》異心を蓄《たくわ》う。太祖崩じ、太孫位に即《つ》くに及びて、朝廷の近臣斉泰・

黄子澄ら、旧制を更革《こうかく》し、諸王を削弱《さくじゃく》せるを以て、因《よ》って斉・黄を誅《ちゅう》し、国難を靖《やす》むるを以て号となして、北平に反し、兵を引きて南下す。諸路の官軍相踵《あいつ》いで敗績し、燕の兵、遂に江を渡りて京城に逼《せま》る」、いわば、朝廷は、太祖のとき諸侯に封じられた王族たちの領地を削ったり転封したりして、その勢力を弱めようとしたので、諸侯が動揺していた。これに乗じて棣は、「君側の奸《かん》」を除くという名目で兵をあげて首都に迫ったわけである。もっともこの反乱は、絅斎が短い文章に要約したほどには、順調ではなかった。戦はともに勝敗があって三年つづき、燕王棣は、宦官《かんがん》の内応でついに建文帝を追い、簒奪して即位したわけである。

一方、方孝孺の方は、世に現われたのが太祖のときであった。彼はある人の推薦で太祖に謁見したが、「太祖その挙動の端整なるを喜び、太子標に謂《い》って曰く「これ荘子なり。まさにその才を老せしめて（老熟させて）以て汝を輔《たす》けしむべし」と。諭《さと》して郷に還《かえ》らしむ。孝孺帰って門を杜《と》じて著述し、将《まさ》に身を終えんとするが如し」であった。しかしこの隠棲《いんせい》は、前記のような理由に基づくものであったから、やがてまた召し出されて漢中府の教授となった。

一方太祖の方は、方孝孺が教授になると間もなく没し、そのときは皇太子の標（これが懿文太子）もすでに死亡していたので皇太孫の允炆《いんぶん》が位についた。彼も太祖の言葉に従って、方孝孺を重く用い、翰林博士、ついで侍講にした。方孝孺の人望は以前から高かったが、建文帝から重用されたので上下の信望が集まり、いわば国家の重鎮という位置にあった。

棣《てい》すなわち後の永楽帝が、反乱を決意して北平を出発するとき、相談役の姚広孝《ようこうこう》が言った。「『南に方孝孺という者あり、素《もと》、学行あり。武成の日、必ず降附せざらん。請う、これを殺すことなかれ。これを殺さば、則《すなわ》ち天下に学を好むの種子絶えん』と。棣これを首肯《しゅこう》す。是に至って孝孺賊兵のために執《と》らえられ、以て献ぜらる。棣（これを）召用せんと欲す。（孝孺）屈することを肯《がえ》んぜず。一日遣諭再三せしも、終《つい》に従わず」と。方孝孺はすでに「絶命の詞を作り、自ら必死を分とす」であった。

ではこのとき建文帝はどうなっていたのであろうか。その前に諸臣は皇帝に一時、都から逃れることをすすめた。しかし「孝孺、堅く守り誓って社稷《しゃしょく》に死せんと請う」であったが、「燕の兵進みて金川《きんせん》門に駐《とど》まるに及びて、谷王橞《こくおうけい》・李景隆ら、門を開きて迎え降《くだ》る。棣（永楽帝）ついに城に入る。帝（建文帝）すなわち火を縦《はな》ちて宮を焚《や》き、服を変えて遁《のが》れ去る。京師「帝崩じたまえり」と伝言す。時に建文四年なり。棣、ついに自立して位に即《つ》き、建文帝の太子奎《けい》を廃して庶人となし、これを中都に幽す」という状態であった。

そこで棣は即位の詔勅を出し、自分の支配を天下に布告しようとして、だれに起草させようかと近侍の者に問うた。するとみながそれは方孝孺が最適任者であり、彼以外にはいないと言った。そこで棣は命じて方孝孺を獄中から出させたが、彼は「斬衰《ざんさい》（喪服）して見《まみ》え、悲慟《ひどう》してやまず、声殿陛（宮殿の階段）に徹す」という状態であった。そこで棣はわざわざ椅子から立ち、「慰諭《いゆ》して曰く「先生、労苦することなかれ。われ周公の成王を輔《たす》けしに法《のっと》らんと欲するのみ」」と言った。いわばまず最高の儀礼で接し、故事をひいて自分の行為を正当化したわけである。すなわち建文帝は自分の甥なので、その昔、周の周公旦が甥の幼主成王を輔佐したという故事を手本としている、の意味である。この言葉は必ずしも、すべてが嘘ではない。周公は成王の摂政として、礼楽を興し、制度を立て、平和と興隆の治世を出現させた。統治という面から見れば棣、すなわち永楽帝は、文字通りの名君英主である。

ところが方孝孺は次のように言った、「「既に周公成王を輔《たす》くと称す。今成王いずくにか在《あ》る」と。棣曰く「かれ自ら焚死《ふんし》せり」と。孝孺曰く「成王即《すなわ》ち存せざれば、何ぞ成王の子を立てざる」と。棣曰く「国は長君に頼《よ》る」と」。いわば幼少の者では無理、年長の者でなければ国は治まらないの意味である。すると「孝孺曰く「何ぞ成王の弟を立てざる」と。棣曰く「これ朕の家事、先生何ぞ自ら苦しめるや」と」。この最後の言葉は面白い。永楽帝にとってはそれはあくまでも自分の一族内の問題であり、方孝孺は、自分に関係のないことを自分で苦しんでいるという。棣から見れば彼の態度は、俗にいう「他人の疝気《せんき》を病む」ような行為であろう。

棣は何としても方孝孺に詔勅を書かせたい。そこで、以上のような形で問答を打ち切ると「授くるに紙筆を以てして曰く、「天下に詔するには、先生草するに非ざれば不可なり。わがために詔命を作れ」と。孝孺、数字を大書し、筆を地に擲《なげう》ち、又大いに哭《こく》し、かつ罵《ののし》り、且《かつ》哭して曰く、「死せば則ち死せんのみ。詔は草すべからず」と。棣大いに怒り、大声して謂って曰く、「汝、焉《いずく》んぞ能《よ》く遽《にわ》かに死なんや。朕まさに汝の十族を滅すべし」と。また獄に繋《つな》ぎて以て俟《ま》たしむ」と。「先生」はたちまち「汝」になる。張《ちょう》芹《きん》の『備遺録』には「王（棣）命じてその舌を割かしむ。すなわち血を含んで御座を犯し、語きわめて不遜なり」とあるから、激怒したのであろう。

　すなわちその宗支（本家・分家、少しでも関係ある者）を拠して、ことごとくこれを抄《しょう》没《ぼっ》（財産没収）す。宗族の坐死する者八百四十七人。その先人の墓を焚夷《ふんい》し、人を抄《しょう》提《だい》（逮捕）することに、すなわち孝孺に示す。孝孺執りて従わず。すなわち母族妻族に及び、九族すでに戮《りく》せらるるも、またみな従わず。すなわち朋友門生に及ぶまで、また皆坐誅《ざちゅう》せらる。

　然る後、孝孺を聚宝門外に磔《はりつけ》にし、刀を以てその口の両旁《りょうぼう》を抉《えぐ》りて耳に至る。これを刑することおよそ七日。罵声絶えず、死に至ってすなわち已《や》む。年四十六なり。およそ九族、外親の外親、数をつくして抄提調衛（調発・流刑）す。外親の抄提せられてより後死する者、また数百人なり。

凄絶、言葉はない。一体この方孝孺の態度を、どう考えたらよいのであろうか。棣はすでに権力を握っている。方孝孺が詔勅を起草しようがしまいが、彼の帝位は動かない。しかし彼が英明であり有能であることは、明敏な方孝孺にわからないはずはない。彼がもし詔勅を起草したら、おそらく登用されて重要な地位についたであろう。それによって永楽帝の治績はさらにあがり、輝かしい文化的業績はさらに増したであろう。そして、彼の一族もまた無残な死をとげることがなかったであろう。だがそんなことは方孝孺自身がよく知っていた。しかし彼には、簒臣を皇帝と認めることができなかった。すなわち彼は、「未生の時より既壊の時」までを貫く、絶対的な「義」に生きることが「生きる」であり、それを捨てるより死を選んだ。これが「死して以て悠久の大義に生きる」の本来の意味であろう。

前記のように感じたのは私だけではない。絅斎は明儒顧璘《こりん》の言葉を引用して次のように記している。

顧璘曰く、「孝孺の王佐の才を以て、服（喪服）を易《か》え、（朝臣の）列に就かしむれば、よろしく卿相（公卿・宰相）の位《くらい》を致すべし。厥《そ》の謀猷《ぼうゆう》（はかりごと）を究《きわ》めしむれば、顧《おも》うに豈《あに》、唐の王、魏《ぎ》なる者と等しからん（唐の貞観の治における王珪《おうけい》・魏徴《ぎちょう》などの比ではない）。これをこれ顧《かえり》みず、悲楚抗激（悲しみ、抵抗）、身を磔《はりつけ》にし族を沈《しず》むるに至っで、しかも気少しも回《かえ》らず（少しも動揺せず）。ああ忠なるかな」と。

顧璘も一応はそう考える。しかしそれでいながら、否むしろそれなるがゆえに、讃嘆をおしまない。では方孝孺は、この事態をどう見、それに対して自己がどう行動すべきだと考えていたのであろう。それは記しているのが、「絶命辞」である。次に引用しよう。「天、乱離を降す、いずれかその由《よし》を知らん。姦臣、計《はかりごと》を得、国を謀《はか》り猶《はかりごと》を用う。忠臣憤《いきどおり》を発し、血涙交々《こもごも》流る。死を以て君に殉ず、そもまた何をか求めん。ああ哀《かな》しいかな、庶《こいねが》わくは、我を尤《とが》めざれ」。

これは、いやこれだけでなく彼の生涯そのものが、少々妙な言い方をすれば「儒教の神義論」、言いかえれば「天義論」であろう。神義論はもちろん日本にはない。これは善悪二元論の世界にも、正しい者は必ず報われる、現世でだめなら来世にでもと信ずる応報の世界にも、汎神論の世界にも生じ得ない。これは簡単にいえば、神が義でそれが絶対ならば、なぜ悪が存在し、社会正義が完成しないのかという議論である。それを極限まで探究したのが旧約聖書の「ヨブ記」だが、方孝孺の生涯はまさに儒教のヨブである。彼自身は、「天との対応」に於て欠けるところがなく、天に従っていた。では天がい義ならば、なぜ方孝孺のような苦しみを受けねばならないのか。「天、乱離を降す、いずれかその由を知らん」。それに対しては「ああ哀しいかな」という以外に方法がない。彼は、決して、何の応報も求めてはいない。これが「絶対」ということであろう。

こうみて行けば、彼にとって政治は宗教であっても、統治の技術ではない。「天下を丸めた」からといって、また「明君英主」だからといってその者に正統性があるわけではない。いわば、「絶対」は体制の外にあり、従って、体制がどう変ろうと、彼はこの「絶対」に基づく自己の規範を決してくずそうとしないのである。永楽帝の時代は、綱斎の時代からそう遠い昔ではない。そしてその治世を日本人は知らないわけではない。当時の人びとにとって、これは決して遠い昔の話ではない。さらに、叔父が甥を滅ぼして天下を取ったという例は、日本にもあった。しかし方孝孺はいなかった。これがその時代の人に、どれだけ大きな衝撃を与えたかは、想像にかたくない。

だが、方孝孺は方孝孺として、彼のために殺されたに等しい一族八百四十七人はどう感じていたであろうか。まず彼の妻子は、逮捕される前に自殺してしまった。ただ十五歳にならぬ二人の娘だけは残っていたが、この二人も、逮捕され拘引されて行く途中、淮《わい》に身を投げて死んでしまった。逮捕された者を方孝孺に見せ、その目の前で殺して行く。ついに彼の末弟の孝友も殺されることになった。「親属みな戮《りく》に就くに及びて、孝孺これを目し、覚えず涙下る。孝友すなわち一絶を口吟す、「阿兄何ぞ必ずしも涙潸々《さんさん》たる。義を取り仁をなすはこの間にあり。華表（墓所の入口の表）柱頭千載の後、旅魂旧に依って家山に到らん」と」。いわば処刑される弟が、思わず涙を流した兄を逆にはげますのである。いわば涙が潸然《さんぜん》と下る彼に、どうしてそんなにさめざめと泣かれるのか。「生を捨てて義を取り」「身を殺して仁をなす」という孔孟の教えを全うするのは、実にこの刑戮に会う間にあるのではないか、と。

そしてつづく言葉は、『続捜神記』の「遼東の城門に華表村あり、たちまち一白鶴飛ぶ、衆言いて曰く、鳥あり鳥あり、丁令威《ていれいい》、家を去って千載、今や来帰せり」によるであろう。いわば、「他郷で死んだ丁令威の魂が白い鶴となって千年の後に故郷の墓所の門柱に帰って行ったように、われわれの旅魂もまた故里に帰って行こうではありませんか」の意味である。

政治は確かにさまざまの悲劇を生み出す。しかし方孝孺の殉教を見出すことはむずかしい。まして、それによって共に殺されて行く弟から逆にはげまされたなどという例は、おそらく人類史上余り類例がないであろう。

私は「方孝孺」を読むと、旧約外典マカバイ記の「母と七人の子の殉教」を連想する。シリア王アンティオコス四世エピファネースの徹底的なユダヤ教弾圧のとき、豚肉を食うことを拒否して、七人の子が次々に目の前で虐殺され、ついに最後に自分も殺される物語である。甘言も脅迫も、その脅迫の言葉通りの実行も、神との契約を絶対に守る彼らには歯が立たない。殺されて行くものを母がはげまし、また殺される者も母をはげます。そして旧約聖書を読めば、なぜこれができるのかは論理的に明白である。では一体、方孝孺とその一族に、なぜあのような行動が可能であったのか、これは方孝孺の記した『朱子手帖』に明らかであろう。少々むずかしい漢文なので、次に敷衍訳をかかげることにしよう。

「一時的な勢力をもって、君子と小人の勝負を比べれば、小人は常に盛んで、君子は常に衰えている。しかし是非を百世の長きにわたってみれば、しばしの間は盛んなる者は、それによって無窮の悪をおおうことはできない。また小人のために身を屈せられている者（君子）は、未だかつて、天下に明らかにされなかったことはない。これは、「時は事を錯迕《さくご》す」るからである。そのため聖賢といえども、その人自身が目的に達することはない。しかしその時の勢いは変るが、理は残るから、小人が死んで誹謗《ひぼう》がやみ、「狐《こ》狸《り》狗《く》鼠《そう》の輩《やから》」の悪臭が消えると、小人は何も残していない。そして君子の論義は公正であるから、小人がこれを消そうとしても、衆庶（多くの人びと）の口をおおうことはできない。徽国文公朱子、西山蔡先生とが、一時小人に屈服せざるを得なかった例にも、それを見ることができる。

文公（朱子）・西山が相ともに講説したのは、孔子・孟子・周子・程子の正道で、その反対者の胡《こ》紘《こう》・沈継祖《しんけいそ》などは、力をきわめていつわりそしり、甚だしい者は朱子を死地に置こうとした。西山は栄道に流竄《りゅうざん》にされ、文公もまた偽学の名を受け、官を奪われ、禄を剥奪され、文公に従っていた士は放逐または屏居《へいきょ》に処された。小人がこれを見れば、「意を曲げ、義にもとり、媚《び》を権姦にとり」、そして「朱・蔡かつまさに身を終え、名倶《とも》に滅びんとす」と思ったであろう。一体だれが二百年の後に、砕かれ抑えられ、苦しみ疲れた者が、白日が天に輝いているように輝き、一方、「鄙陋邪嵬《ひろうじゃかい》の流、擠排汚衊《さいはいおべつ》を以て事となせし者」は、人がこれを不潔のものを見るように見、見ただけで胸が悪く、すでに死んだ者の遺骸を戮して、せめて仁者賢者の憤《いきどお》りをはらしたいと願わないものがないことを、知らないであろうか。(これは単に宋時代のことではなく)「ああまた千古の鑒《かがみ》となすべし」」。

言うまでもなく方孝孺もまたこれを「千古の鑒」、自己の絶対的な規範を生きるための、基準とした。そしてその前には何も考慮しなかった。

では「士」というものは、いまは小人に否定されていても、いずれは「歴史が自己の正しさを証明してくれる」と信じて行動するものなのであろうか。決してそうではない。方孝孺はもちろんそんなことは期待していない、と絅斎は次のような意味のことをのべている。

永楽帝の弾圧は徹底的であった。一族一党一門の末の末に至るまでことごとく探し出し、一切を滅し去り、天下に「方」という姓がないまでにしてしまった。またその遺文や手書などは徹底的に探索されて焼き捨てられ、彼の遺骸もろとも一切合財を抹消して、歴史から消してしまったのである。すべてが滅却され、権力者が歴史を創作してしまえば、すべては失われてしまう。もちろん、方孝孺の場合は「偉辞微言、醇行精忠」が天下の家々に伝えられ、各戸に誦せられて今日に至っている。しかし、そうなるかならないかは、はじめから問題ではない。

方孝孺の場合は、常にその言行が一致して、絶対に相反することがなく、「その始終の履歴は、およそこの文に道《い》える所、一もその言を讐せざる（報ざざる）無くして、而《しか》もその是非の百世に定まる者、またみな付節を合わすが如し。それまた言う所を食《は》まず、学ぶ所に負《そむ》かざるの、真丈夫というべきかな」であった。

さらに彼はつづける。「そもそも、士の身を処し志を行うに、何ぞ異日（他日）の顕《けん》晦《かい》（表われること、かくれること）を較《くら》ぶべけんや。ただ、是非の正、論議の公、天理人心、同然する所の者は、すなわち天壌を得て泯滅《びんめつ》（滅亡）すべからずして、而《しか》もその大端根本、取舎得失の機、みな己にあって而して外に待つことなし」と。これはまさに、政治的絶対主義であり、一切の応報を期待しないのである。

方孝孺はもちろん例外者である。しかしそれが例外者であるか否かが問題ではない。問題は人びとがこれをどう評価するかである。いわば方孝孺の規範を、及ばずながら自己の規範とし、それと逆の行き方をしたものを悪として斥《しりぞ》けるか否かである。もちろんこのときに彼のように行動をしたのは彼のみではなかった。絅斎は彼につづいて、同じような行動をとった者、すなわち兵部尚書鉄鉉《てつげん》、都察院副都御史練子寧《れんしねい》、礼部尚書陳迪《ちんてき》等、総計十二人をあげている。だがそのすべてを紹介する必要はあるまい。

ただわれわれにとって相当に抵抗を感ずるのが陳迪である。永楽帝は彼をも降伏させたいと思ったが、面罵して応ぜず、そのため六人の子がその面前で、そぎ斬りの嬲《なぶ》り殺しに会った。子の鳳山がその苦しみに思わず「父、我を累《わずらわ》す」と言うと、「迪、言うことなかれと叱す」。そこで永楽帝は、鳳山らの鼻や舌を剝《は》ぎ、これを油でいためて陳迪に食わせ「味はどうか、うまいか、うまくないか」と言った。陳迪は平然として、「これはこれ忠臣孝子の肉、好喫《こうきつ》（美味）なり」と言った。そして同じように最も残酷な刑に処されて死んだ、と。そしてこれに似た話が次々に出てくるのは、正直なところ少々うんざりする。と同時に、このような政治的絶対主義は、形を変えて、現代の中国にも韓国にもあるように思われる。文革中のさまざまな事件も、これと対比してみれば当然のことかも知れない。

しかし大変に皮肉なことに、朱子学を正統の学として保存して来たのは、実は、朱子学の基本に違反した人たちであった。そして方孝孺とその一族をみな殺しにした永楽帝もその一人で、彼は天下に令して朱子の書以外は禁じたのである。一体このことを絅斎はどう考えていたであろう。言うまでもなくこの問題は、朱子学を官学としている幕府と自分との関係にも関連がある。彼はこれを次のようにのべている。「余かつて論ず、朱子聖学を明らかにし、綱常《こうじょう》を植《た》て、天下後世の尊信表章する所となる。もとより一日に非ず。しかもその間、大不幸なる者三あり。宋の理宗なり、元の許衡なり、明の文皇（永楽帝）なり」と。許衡は前に劉因のところでのべたが、元につかえ、モンゴル族の治下で朱子の書が忘失することを憂え、極力これを集めかつ保持して世に広めたことは前述した。また永楽帝の文化政策、教育政策はすでにのべた通りである。では一体宋の理宗とは何か。彼は兄を殺して帝位を奪った簒奪者、いわば「簒臣」である。それなのに彼は、朱子の歿後に、その書を集めて天下に弘布した。これは大きな皮肉であるとともに、政治的救済主義の一つの限界であろう。権力を握った者は、秩序の学として朱子学を利用しようとする。そして絅斎から見れば――否これはだれの目から見ても――徳川幕府もまた同じ行き方をしている。この点では確かに朱子学は御用学問であり、統治者の学であった。だが絅斎は、朱子学がこの「三大不幸」によって保持されて来たとは絶対に見ないのである。

彼はつづける。「朱子の大中至正の学、百世聖人を俟《ま》って惑わず、いよいよ久しくして、いよいよ信ある者、もとより自然の理、必到の勢いなり。この輩なしといえども、なんぞその発顕流達せざるを憂えんや。政（治）にたまたま気数（天運）人事の変（たとえば始皇帝の焚書坑儒《こうじゅ》）にあずかり、数千万世沈淪蔽塞《ちんりんへいそく》せしむるとも、しかもわが聖賢相伝うる綱常名教の学なる者は、豈《あに》これら逆賊臭穢《しゅうあい》の徒の、虚美相誑《あいあざむ》き、同悪相掩《あいおお》い、鼓唱《こしょう》引重（はやしたて、引用して互いにほめあい）するによりて、而して後、行わるるを得べきことあらんや。われ、朱子の天に在るの霊、その憤罵排斥して容《い》れざるや必《ひっ》せるを知る」。

こうなるともう立派な宗教である。となれば彼の筆が一種の殉教者賛美となって不思議ではない。

武王・周公、殷に克《か》ち、礼を制し政を立て、沢（恩恵）は生民に浹《とお》り、威は四海に加わり、世祚（帝位につづくこと）の永きこと八百余年、盛んなりと謂《い》うべし。誓誥《せいこう》の策（聖典籍）、風雅の典、富めりと謂うべし。而して、ついに天下万世をして凜然《りんぜん》として名分大義の厳、得て犯《おか》すべからず、慙徳《ざんとく》口実の責《せめ》（不徳を恥ずることの言いわけ）、得て辞すべからざるを知りて、而して天壌処を易《か》え（天地が位道を変える、臣が君を殺す）、人類をして断滅に至らざらしむる者は、すなわち特に西山餓死の両匹夫（伯夷・叔斉）に在るのみ。

言うまでもなくこれは、いかなる暴政があったとはいえ、臣が立って君を殺せば、「君臣義あり」の原則違反、そこで、「周の粟《ぞく》を食わず」、会稽山に入って餓死した二人をいい、人間がその規範を喪失して「断絶」に至らなかったのは、この二人がいたからであるという意味である。

故にわれ、三不幸に於て、すでに朱子のために歎じて、而も、ここに於てまたこれがために賀する者あり。何ぞや。理宗の時にあたりてや、幸い李燔《りはん》（朱子の弟子、その朝につかえず）の如きものあり、許衡の時にあたりてや、幸い劉因のごとき有り、文皇（永楽帝）の時にあたりてや、幸い方孝孺のごとき者あり。みな豪傑の才、醇正の学を以て、而も篤く朱子を信じ、確く綱常を守り、むしろ世を避け義に就きて、以て各々その志を遂ぐ。西山の餓死とあわせて五匹夫なり。いまに到って風采義気、烈々として秋霜夏日の如く、昭掲《しょうけい》（明らかに高くかかげられる）常に新なり。それ、然る後、聖賢綱常の学、実に頼《たの》むこと有りとなし、而して天に在るの霊、ここに於てまた慰する所あらんかな。

いわば中国における「五大政治的殉教者」をあげているわけだが、殉教者自己同定が、どれぐらい危険な状態を現出するか、それは歴史上の多くの実例が示している。いわば、人びとがそれを殉教者として賛美している限り「自分は殉教者の側に立つ」と自称する者に、その社会は対抗できない。従って批判はできない。だが実際に殉教する者はまれであり、殆どの者はぎりぎりのところで変節するであろうが、その瞬間まで彼は、生きていながら「正しい死者」の位置に身を置いて絶対的な権威をもちうる。

そして朱子学、否、崎門《きもん》学と言った方が正しいかも知れぬが、政治が宗教になり、政治的殉教者の賛美が行われているわけである。従ってその殉教の対象は「神」ではない。しかし絅斎のように考えて行けば、そこにはどうしても、「政治的神」が必要になってくる。『靖献遺言』にはもちろん「天皇」という言葉は出てこない。しかし、闇斎からひきついだ正統論をこれと併せて読んで行けば、その奥にはすでに「現人神」が存在するのである。

だがこのことは、「現人神」が消えたら彼の思想が消えることを意味しない。絅斎の思想は「現人神」に先在した。従って「現人神」が消えてもこの思想が呪縛となって残って当然であろう。日本人は元来、政権に安定と保護と繁栄を求めても、政治に救済を求めない。言いかえれば政治的殉教者はいないのである。簡単にいえばその長い歴史に方孝孺がいなかったということである。日本人にとって政治とはあくまでも統治の技術であり、相対的な対象であった。言葉を換えれば「天下を丸めて」平穏な日々と繁栄を保証してくれれば、その政権は正統性があると考える。否、正統性などというものをはじめから考えなかった。

この伝統は確かにわれわれにある。たとえば、自民党が「天下を丸めて」人びとが中流意識がもてるぐらい安定しているなら、それでよいのであって、その政権がなにゆえに統治権を行使できるかなどとは考えない。おそらくこれは、貞永式目以来の長い伝統であろう。しかし、絅斎によってもたらされた政治絶対主義的な要素もまた残っている。日本の「転向論」とか「変節論」とかを見ていると、明らかにその影が見える。

少なくとも政治が相対化されている世界においては、政治的意見を変えることは、変節ではない。たとえば今回は自民に、次回は共産に投票したとて、人は彼を変節漢とは呼ばない。それでいて、かつて左翼的な言動をしていたものがその政治的意見を変えると、人はそれを一種の変節と見なす。なぜであろうか。方孝孺の時でも、実際に政治を行い、しかも当時の世界で模範的ともいえる政治を行ったのは永楽帝であった。その業績はすべての歴史書に記されている。しかしそれを評価することは、政権に安定と秩序と発展を求めることであって、政治を絶対化していることではない。いわば、永楽帝以上の永楽帝が出てくれれば、彼が建文帝と同じ運命に陥ってもよいということである。それはある意味では、危険を内包しているであろう。従って彼らは、一方に於て永楽帝を評価しつつ、一方において方孝孺を自己が模範とすべき絶対的規範の体現者と考えた。この際、もし方孝孺が意見を変えたら、彼は変節したことになろう。日本人が、一部の人の政治的意見の変化を変節ととらえるのは、以上のような伝統に基づくのであろう。

そして上記の奇妙なバランスは戦後の日本にもある。しかしそれは決して本物ではあるまい。というのは、それがあたかも本当に絶対であるかの如くに振舞われた戦争中さえ、実は本物でなく、終戦と同時に一億総転向をしているからである。あの大変革のとき方孝孺はいたのか。いたかいなかったかが問題ではない。たとえいても、だれも消そうとしなかったのに、消えてしまったからである。

それでいて日本人は、常に、政治的絶対主義を尊敬し、そうでない自分を劣れる者と見なしたがる。これもまた徳川時代にはじまる伝統である。そのために常に「現人神」を求めつづけ、時にはスターリンに、また毛沢東に求め、それが消えると落胆して、また他に求めるのである。

志士たちの聖書《バイブル》

『靖献遺言《せいけんいげん》』を読んでいくと、まことに不思議だという思いを禁ずることができない。そのまず第一は、浅見絅斎《けいさい》という人間が果して「日本人であったのか、もし日本人であるとしたら、なぜこのような日本人が生れ得たのか」という不思議さである。そして第二は、維新の志士といわれた人びとにとって、この『靖献遺言』は文字通りの「聖書《バイブル》」であった。たとえば頼三樹三郎《らいみきさぶろう》のように「靖献遺言でこりかたまった男」と評されることは、最大の賛辞であった。ではその志士なるものが、本当にこの「日本人離れ」のした『靖献遺言』を理解したのか、という疑問である。

明治は、一種の〝危険思想〟のようにこの書を消した。このこと自体は、少しも不思議ではない。革命が成就してしまえば、革命の起爆薬もしくは原動力になった思想は抹殺されて不思議ではない。もちろんその抹殺は、「得た成果を変質させて絶対化しつつ、そこに至る動機となった思想乃至はその思想を奉ずる人」を抹殺するという形になる。

それはフランス革命にも、ソビエト十月革命にも、明治維新にも行われた。ではそれによって本当に『靖献遺言』は消えたのか。もちろん、消されたものは形を変えた呪縛となって残ることは前述したが、それだけでなく、『靖献遺言』が否定した面が逆に、この消去によって再生したという面も否定できないはずである。

いわば呪縛と、逆思想の再生と、両者の奇妙な習合は、絅斎以後に徐々に醸成され、明らかに明治以降の日本を支配した。その関係はマルクス主義とツァーリズムの習合としてのスターリニズムの発生と、似た点があるのであろう。『靖献遺言』が絶対化しているのは「天」であって「皇帝」ではない。この点では絅斎も佐藤直方《なおかた》も同じであり、それがあるゆえに方孝孺は永楽帝と死を賭して対決できる。と同時にこの「天」は彼にとってすでに「政治的人格神」に等しいものになっている。だが、それはあくまでも「在天」であって、それがそのまま「現人神」という「地上」の存在にはなり得ない。基本的に違うこの両者がなぜ習合し、「天絶対」が「皇帝（＝天皇）絶対」に転じたのか。

この問題を否応なく感じさせるのが、「初めて建寧に到りて賦する詩」すなわち「謝《しゃ》枋得《ぼうとく》」編である。『靖献遺言』に於ける議論の中心がこの「謝枋得」編にあったことは、この一編が量に於ては全体の半ばをしめることにも表われていよう。否それだけでなく、文天祥、謝枋得、劉因とあげれば、この宋末元初の三人で、本書の約七割近くを占め、これに本書の絶対的結論ともいうべき前に記した方孝孺《ほうこうじゅ》がつづくわけである。とするとこれが本書の主文で、楚の屈平（屈原）にはじまる、それに先立つ四人は、むしろ前文乃至《ないし》は導入部と見てよいであろう。そしてこの「宋末元初」という時期、誇り高き中国が夷狄に支配されるに至った「亡国への道」に彼の議論が集中したことは、その後の日本に、特にその外交論に一種異様な影響を与え、その影響から日本の世論――と言ってもこれは「新聞世論」だが――が今なお脱却していないことも否定できない。しかし、その亡国の過程の中における日本人の「個人の絶対的規範」が謝枋得と同じかと言えば、まさに逆であって、似ても似つかないものになっている。

この点「謝枋得」編の提起する問題は複雑で、しかもその背景となっている当時の宋の国内情勢も国際情勢も複雑である。と同時に、この問題に対して提出されていた絅斎の問題提起もまた、『靖献遺言』の中で最も複雑なものとなっていよう。そこでこの一編は、いわば腰を落ちつけて、一つ一つ解明していく以外に方法がないのである。一方、明治以降の日本人が、最初に忘れたか、消したか、したのはこの謝枋得であった。絅斎がこれほど力を入れて「主人公」としたものを消し、専ら「シビレ」たのが屈原、諸葛孔明、陶淵明、さらに読み進むにしろせいぜい顔真卿、文天祥までであった。

それならば謝枋得は完全に忘れられたのか。そうではない。彼の詩、

雪中ノ松柏愈《いよいよ》青青《せいせい》　扶植スルハ綱常ヲ一在リ二此行ニ一

天下久シク無シ二龔勝《きようしよう》ノ 潔《けつ》一　人間何ゾ独リ伯夷ノミ 清カラン
義高クシテ 便《すなわ》チ覚ル生ノ堪フルヲレ捨ツルニ　礼重クシテ 方《まさ》ニ知ル死ノ甚ダ軽キヲ
南八男児《なんぱつだんじ》終《つい》ニ不レ屈セ　皇天上帝眼《まなこ》分明《ぶんめい》

は、いわゆる「詩吟」となり、これを唸れば「志士的人間」は否応なく「シビレ」、同時に聞く者を「シビレ」させた。私の世代の人はこの冒頭の「〽せっちゅうのお……、しょうはくう……、いよいよ——……」という変なメロディーを覚えている人もいるであろう。また今でも、競艇バクチの胴元が「詩吟」のスポンサーをしているそうだから、そこへ行けば奇妙なメロディーと、それにシビレて陶然としている人間の酔漢のような顔が見えるかもしれない。

だがしかし、その人は謝枋得について知っているのだろうか。否、たとえ彼が有名な『文章軌範』の著者であることを知らなくても、絅斎が描いている彼を知っているのであろうか。否、この詩が、どのような機会に歌われたものであるのか、絅斎のその叙述を知っているのであろうか。いずれも知るまい、知れば、この日本人とは全く違った規範に生きた人間に対する何ともいえぬ一種の違和感、と同時に、「そういう人間も、われわれと同じ人間として、この地上に、否隣国に生存していたのか」という不思議な感慨は抱いても、彼の詩に陶酔して「シビレ」るなどということは到底できないはずである。

一体、日本人にとって「外来思想」とは何なのであろうか。徳川時代から現代まで、言いかえれば謝枋得からサルトルまで、常にそれは「詩吟」の素材すなわち陶酔の材料であったにすぎなかったのか。徳川時代の儒学と称するものが、礼楽すなわち組織論抜きの儒学という、まことに奇妙な「骨抜き」された産物であったことは否定できない。山崎闇斎《あんさい》は朱子の正統論を論理的に極限までつめ、絅斎はその正統性の絶対化に基をおく個人の絶対的規範を樹立した。これは確かに日本人を変革させ、維新という革命の契機となり得た。しかし、そこには、この絶対化された正統性と個人の規範との間をつなぐ組織論はなかった。もしここに組織論をもってくるなら、その規範を体得している人間を「士」として選抜して、それが統治者階級となって天下を治めるために、どのような組織が必要かが論じられねばならぬはずであった。いわば日本に於ける「科挙の制」論がなければおかしいのである。だが儒学儒学といいつつ実質的にはその議論はなく、もちろん、その制はなかった。従ってわれわれは徳川時代を「士農工商」というが、韓国人は「兵農工商」と定義する。というのは、原意通りの「士」は日本に存在しないからである。

だが、この点は別の機会に論ずるとして、ここでは一先ず措こう。では、日本人の個人の規範が、本当に朱子学通り、否少なくとも崎門《きもん》学通りであったのだろうか。単に

「シビレ」るだけでなく、彼が、模範として示した『靖献遺言』の人びとの通りであったのだろうか。絅斎自身はまさにその通りで、彼の生涯は劉因のごとくであり、また、時と場合によっては平然と方孝孺になり得たであろう。だが、それは、日本の歴史でおそらく彼だけである。弟子はすでにそうではない。ここに絅斎は例外的日本人と言える理由があるわけだが、その違いが明白に出てくるのもまた「謝枋得」編なのである。

前置きが少々長くなりすぎたが、本編に進むにあたって、まだ少々前置きがいる。というのはこの「謝枋得」編を読むと、一体なぜ絅斎はこういう妙な書き方をしたのであろうか、というのがいつわらざる第一印象だからである。というのはこの編は三章に分けることができ、謝枋得について書かれているのは全体の四割でこれが第一章。次が宋がついに元によって滅ぼされるに到るまでの経過を記し、その末尾近くに朱子自身が登場する。これがまた全体の約四割で第二章。残りが正統性という点で甚だ問題があった理宗の登位を記し、この正統性にもとった行為がすべて発端であったことを記した部分が約二割でこれが第三章。そこで奇妙な形で唐突に終るという構成になっているからである。

そしてこれは歴史的順序からいえばまさに逆で、妙な言い方をすれば「史的倒叙法」（？）とでもいうべき書き方である。絅斎は一体なぜこのような書き方をしたのであろうか。むしろ㈢㈡㈠の順序で記せば、謝枋得の姿が明確に理解できたのではなかろうか。

しかし『靖献遺言』全体の構成から言えば、この方がむしろ彼の趣旨をよく伝えているのかもしれない。絅斎自身、屈原から文天祥までの五人は、そう抵抗なく日本人に読まれると考えていたであろう。そしてこの五人は、総計八人から言えば半ばを越す数だが、ページ数から言えば約三割にすぎず、前述のように、比較的抵抗感なき導入部なのである。そこで許浩《きょこう》によれば「前に文天祥あり、後に謝枋得あり」で一体化されている彼を、一気に文天祥の次にもってきて、ついで両者の運命を定めた歴史的経過と帰結を記し、さらに理宗の問題にふれ、それでもなおクビライ汗の下で処士として節を守っている劉因へと進んだのであろう。というのは、前の五人はともかく、後の三人には、当時の日本人は、否おそらく今の日本人も——相当に違和感を感ずると、おそらく彼は考えていたのであろう。事実、『靖献遺言』は消えても前の五人の名は何らかの形で今も人びとの記憶の中にある。しかし、謝枋得、劉因、方孝孺の名は完全に忘れられている。従って本書ではこの三人に主力をそそぎ、前の五人は部分的引用に留めてきた。

本編の冒頭も定型的に「枋得、字《あざな》は君直、信州の人。宝祐中、郷薦を以て試みられ、礼部の高等に中《あた》る」ではじめる。簡単に言えば理宗帝の宝祐年間に郷里から推薦されて朝廷の礼部の試験をうけた、というわけである。彼は成績抜群であったが、天子の前で直答する試験で当時の宰相や宦官を徹底的に批判したので、二位に落された。そこで帰郷していたが、江東西の宣撫使趙葵《ちょうき》に召し出されて、その下役になった。いわばその出発点に於て、節を曲げぬ硬骨漢として登場したわけである。

ところが元軍が攻めてくると登用されて礼部・兵部の架閣に任ぜられ、義勇兵を徴募して揚子江沿岸に出動し、宋軍を応援するように命じられた。このころは賈似道《かじどう》が宰相であったが、他人の功を嫌い、功ある者を失脚させようとし、会計検査官を守備隊に派遣した。どの軍も著しい軍費の不足、そこで枋得は自分の上役の趙葵が罪に陥れられるのを防ごうと私財を売って不足を補った。そしてこれが発覚して官をやめさせられた。

後にまた建寧府の教授となったが、宰相賈似道が、「政柄を窃《ぬす》み、忠良を害し、国を誤り民を毒する」を怒って、「天心怒り、地気変じ、民心離れ、人材壊《やぶ》れ、国に亡証あり」とこれを弾劾した。賈似道は激怒し、禄を削って彼を流刑にした。その後再び朝廷から史館の役人に命じられたが、賈似道が好餌で自分を籠絡《ろうらく》しようとしているのだ、と言って受けなかった。

徳祐帝の初年に、江西の招諭使兼信州知事となった。このとき元の兵が大挙して江東に進攻して来た。枋得は早速にこれを迎撃したが、多勢に無勢、「矢つきて敗れ」、軍は全滅状態となり、「妻子皆執《とら》えらる」という状態になった。

以上が彼の、まことに短くもあっけない公生涯である。ところが、ここで興味深いことは、この部下を失った敗軍の将枋得は戦死もせず自殺もせず、家族も捨ててただ一人「敵前逃亡」をするのである。「枋得は遂に服を易《か》え、母を負い、建寧の唐石山に入り、逆旅《げきりよ》（はたごや）のうちに寓し、日に麻衣（喪服）躡屩《じようく》（喪のためのわらぐつ）し、東郷して哭《こく》す」と。人は事情を知らないから、彼を狂人とした。そして売卜《ばいぼく》で生活をし、流れ流れて建陽（福建省）まで来た。

中国人の倫理を考える場合、これは非常に面白い例である。彼が生きたただ一つの理由は、後述するように「孝」のためであり、命がおしかったのではない。中国人には「孝」という血縁原則と、「君臣の義」という組織原則とが明確にあった。そしてこれは日本人のいわゆる「忠孝一致」とは全く別であり、また彼らの「君臣義アリ」の原則とは、日本人の「忠」ともまた根本から違っていて、それはむしろ西欧の組織原則に近いことが、後に記す彼の言葉からもわかる。だが、もし太平洋戦争時に、部下を全滅させた前線の部隊長が、「孝」のために、ただ一人変装して逃亡したら、日本人は何と言っただろうか。彼を立派な「士」であるとは言わなかったであろう。

謝枋得以下、すなわち彼と劉因と方孝孺は、いかに絅斎が渾身《こんしん》の力を振い、これに全精力を投入しても、結局日本人には受け入れられなかった。そしてこの問題はまさにこの「敵前逃亡」に始まるのである。戦時中の日本人の行動の基準からみても、否、おそらく今の企業内原則や労働組合内原則から見ても、枋得の行為は「敵前逃亡」であり、彼は「卑怯者、去らば去れ……」の一言で否定される存在であろう。だがそう言っておきながら日本人は「一億総転向」はやる。しかし、枋得はそれをしない。彼にとっては、血縁原則と組織原則の先後が実に明白であり、この二つの規範を文字通りにそのまま生きて行ったわけで、そこには、それ以外に何もなく、まさに論語の「人不知而不慍、不亦君子乎」(人に知られないことをうらまない、また君子ならずや)である。

売卜の謝礼に彼はわずかの米と屨《くつ》は受けとったが、金銭は絶対に受けなかった。宋が滅びて元となり、世祖の至元(一二六四~九四年)の末年に、元帝は命じて宋の遺臣のうちの人材を集めさせた。その任にあたった程文海は三十余人を推挙したが、そのトップが枋得であった。ところが、「枋得時に方《まさ》に母の喪に居り、書を文海に遺《おく》りて曰く、「某《それがし》、死せざるの所以《ゆえん》の者は、九十三歳の母在《あ》るを以てのみ。先妣《せんぴ》(老母)、今年二月を以て考(「老」の誤植)終す。某、今より人間の事に意無し。〈亡国の大夫は与《とも》に図るべからず〉(とは)李左車すらなおよくこれを言えり。いわんや稍《やや》詩書を知り、頗《すこぶ》る義理を識る者をや」と」。

この「李左車すら云々」は『史記』の韓信のところに出てくる物語である。韓信が趙を破ったとき、全軍に厳命して絶対に李左車を殺してはならない、生きたまま彼を捕虜にしたものには千金の賞金を出すといった。それによって李左車が捕虜として彼の面前につれて来られると、韓信は師としてこれにつかえ、北方の燕を攻め撃ち、東方の斉を攻略する作戦をたずねた。これに対して李左車は「臣聞く、敗軍の将は以て勇を言うべからず、亡国の大夫は以て存を図るべからずと。今臣は敗亡の虜なり、何ぞ以て大事を権《はか》るに足らんや」と。そして枋得は自分を同じ位置にいると見た。そして後に、元の丞相忙兀台《マンウタイ》が勅使を送り、枋得の手を執ってすすめても、隆将の留夢炎が極力推薦しても、何としても元の招聘に応じなかった。

ところが福建の参政知事の魏天祐《ぎてんゆう》が、枋得を元に仕えさせて手柄にしようと思い、彼の友人を派遣したが枋得は応じない。そこで巧みにこれを城中に入れて自ら説得したが、枋得は返答しないか、または無礼な態度でこれを罵倒した。そこで天祐はがまんできなくなり「封疆《ほうきょう》の臣（国境を守備する臣）は当《まさ》に封疆に死すべし。安仁の敗に、何ぞ死せざりしや」と言った。これに対して枋得は次のように答えた。「程嬰《ていえい》・公孫杵臼《こうそんしょきゅう》の二人、皆趙に忠す。一は孤に存し、一は節に死す。一は十五年の前に死し、一は十五年の後に死すも、万世の下、皆忠臣たるを失わず。……韓退之いう「棺を蓋《おお》いて事始めて定まる」と。司馬子長いう「死は泰山より重く、鴻毛《こうもう》より軽きことあり」と。参政（天祐）豈此《あにこれ》を知るに足らんや」と。罵倒された天祐は怒っていった、「強辞なり」（負け惜しみの強弁だ）と。

この程嬰・公孫杵臼の話というのも、少々日本人離れのした話である。これは晋の屠《と》岸賈《がんこ》が同じ晋の大夫趙朔の一族を攻め滅ぼしたとき、妊娠中の朔の妻が走って公宮にかくれた。朔の客の公孫杵臼が友人の程嬰に「足下、何故これに死せざる」と言うと嬰は「婦（朔の妻）に遺腹あり、もし幸にして男児を得ればわれこれを奉ぜん。女子ならばすなわち死せんのみ」と言った。このようにして男児が生れ、かろうじて虎口を脱して脱出する。嬰が「屠岸賈なおこれを求むれば如何《いかん》」というと杵臼は「孤児をもり立つると、今死すると、いずれが至難事なりや」と問う。嬰が「死するはやすく、孤を立つは難《かた》し」と答えると、杵臼は「難きはわれに能《あた》わざらん。願わくは易《やす》きをなさん」と言った。そこで杵臼は他人の児をとって山中に隠れ、一方嬰は、趙朔の孤児がいると密告した。そこで屠岸賈は、嬰を先導に杵臼を攻めた。杵臼はわざと嬰を罵倒して言った。「小人なるかな程嬰、汝は昔趙朔の遭難にも死すること能わず、われに謀りて趙の孤を匿《かく》しながら、今（裏切って）これを売れり」と。そして杵臼は他人の児と共に殺された。

一方嬰は、趙氏の真の遺児の武を川中にかくすこと十五年、事の仔細を景公に訴えて出た。そこで景公は賈を攻め滅ぼして、武に昔の領地を与えた。このとき嬰は「昔、下宮の戦にわれは死し得ざりしにあらず、趙氏の後を立てんがために生きたり。いま趙氏の遺孤立ち、すでに成人す。われはまさに泉下に趙朔と杵臼とに報ぜんとす」と言った。武は泣いて「卿の大恩は身を粉にするもこれに酬いんと期す」と言い、何とか思いとどまってくれと言ったが、嬰は、「彼はわれを以て事をなす者となせり、故にわれに先んじて死す。今われこのことの成りしを告げざれば、彼はわれを以て事をなさずとせん」と言って自殺した。

枋得が引用したのはこの故事である。彼はこのほかにも故事を引用して天祐を罵倒したので、ついに彼は怒って枋得を北に送った。枋得はいよいよ死すべき時が来たと思い、前に記した詩「雪中の松柏　愈《いよいよ》青青……」をつくり、これを示して門人故友に別れをつげた。「時に貧苦已《すで》に甚だしく、衣結び屨穿《くつうが》ち（衣の破れを結び合せ、靴の底は抜け）、雪中を行く。かつてこれを徳とせる者あり。賙《た》すに兼金重裘（高価な精金と毛皮の衣）を以てす。辞して受けず。嘉興を離れてより、即ち食せず、篙中（農具・竹のかご？）に臥眠し……」。途中で太后（謝太后）の攢所《さんしょ》（仮りの埋葬所）と瀛国公《えいこく》（旧徳祐帝、元に降伏後、封をうけてこの名がある）のいる所を再拝して慟哭《どうこく》した。その間多少の紆余曲折があり、夢炎が米飯に薬を入れて何とかこれを生かそうとしたが、それを知ると怒って「われ死せんと欲す。汝はすなわちわが生きんことを欲するか」と、これを地に擲《なげう》ち、食を断って五日後に死んだ。子の定之が遺体を守って信州にもどり、彼もまた推薦されたが元に仕えなかった。

以上が彼の生涯の短い記録である。そしてこれを読むとわれわれは、何やら非常に奇妙な感じがするのである。というのは、酷評すれば彼は宋の一小官吏にすぎず、その政界には生涯いれられず、生涯を通じて不遇であった。また「宋必ず二十年の後に亡びん」と論じて流罪にされ、その地で畳山と号し、村里の一教師であったこともある。だが彼にとってそれはどうでもよいことであった。そして宋の滅亡後も意地を張っていたわけではない。彼には、明白な規範が、いわば絶対的規範があり、すべてそれに基づいて生きていたというにすぎない。「孝」の規範に於て絶対であった。と同時に「君臣義アリ」に於て、「君」の方がどうであろうと、「臣」である彼の方は、それと無関係に「義」に生きていたのである。

　ではその「義」とは具体的には何であったか。彼はその「仕えざる理由」三つをあげ、次のように詳述している。その第一が、老母は九十三歳ですでに死んでいるが未だに本葬をしていない。また妻子をはじめ自分の連累で獄死している者が四人、これも本葬をしていない。さらに弟と姪《おい》で国のために死んだ者が五人いるが、これらの遺骸を発見して骨を拾い、帰るところなくさまよっている魂を招いてやらねばならない。これらを捨ておいて招聘に応ずることは自分にはできないと。この考え方は日本人に大きな影響を与えているであろう。太平洋戦争時の遺骨を南海のはてに探して日本まで持って帰るということは、倒れた地にそのまま葬るのが当然と考える国の人びととは非常に違う。しかし日本人には、それがすむまで招聘に応じないといった徹底性は別にない。

　次に――と彼は第二の理由をのべる。自分はあの戦いのとき兵権を捨て、官を捨てて逃れた者だが、未だに元に降伏してはいない。どこを調べても自分が降伏したとは記されていないはず、「宋朝文臣降附の表に某《それがし》の姓名無からん」である。ところが「□□詔を降し過を赦《ゆる》し罪を宥《ゆる》す……某も亦《また》恩赦放罪の一人の数に在り」である。□□とは「大元」のことだが、彼はその存在を認めないから、あくまでも□□なのである。とはいえ、伯夷・叔斉が周に仕えなかったと言っても、西山の薇《わらび》を食っている以上、周の武王の恩がないとはいえない。自分は□□の土地の藜《れい》（あかざ）を羹《あつもの》にし、糲《れい》（黒米）を食っている以上、やはり□□の恩を受けている。自分はすでに、㈠の理由があったため、□□の遊民になってしまっており、魯仲連《ろちゆうれん》のように「秦が天下をとったら海上に逃れて死ぬ」と言ってそれを実行できる状態でなくなってしまった。従って今の自分は、かつて荘子が「われを呼びて馬となす者にはこれに応じて馬となり、われを呼びて牛となさばこれに応じて以て牛とならん」といったような状態である。自分を「宋の逋播《ほは》の臣」と言う者があってよいし、「□□の遊惰の民」とする者があってもいい。また「宋の頑民」とする者も、「□□の逸民」となす者があってもいい。自分は自由にされるがままになっていい。天の付与次第にまかせて世を終る。しかし世を終る前に官位や爵称がほしくて臣下たるの行為をしたら、「某《それがし》何の面目有ってか□□に見《まみ》えんや」。従って招聘に応ずることができないのである、と。

　謝枋得の問題は、いわば血縁原則に基づく絶対的な規範の「孝」と、組織原則に基づく絶対的な規範の「義」いわば「忠」との板ばさみである。そしてこの二原則が矛盾して、一種の極限状態になったとき、いずれを優先さすべきかは、中国に於ては大きな問題であった。かつて孟子は「舜の父が人を殺したらどうなるか」といった意味の質問を受けている。舜は言うまでもなく理想的天子だから、「孝」の原則に立てば父を処刑することはできない。しかし「義」の原則に立てば、肉親だからといって殺人者を無罪放免にすることは許されない。この問題は『孟子』（尽心章句上）に次のように記されている。「桃応《とうおう》問うて曰く、舜、天子となり、皐陶《こうよう》、士となり、瞽瞍《こそう》（舜の父）、人を殺さば、則ちこれを如何《いかん》せん、と。孟子曰く、これを執《とら》えんのみ、と。然らば則ち舜は禁ぜざるか、と。曰く、それ舜は悪《いずく》んぞ得てこれを禁ぜん。それこれを受くる所あるなり、と。然らば則ち舜はこれを如何せん、と。曰く、舜は天下を棄《す》つるを視ること、なお敝蹝《へいし》（やぶれぐつ）を棄つるがごときなり。ひそかに負うて逃れ、海浜に遵《したが》いており、終身欣然として、楽しんで天下を忘れん、と」。だが日本人には、このような原則はなかった。そのことは、父を処刑した源義朝と彼への歴史的評価に表われている。だがこのことをさらに論じたのは栗山潜鋒《せんぽう》で、彼についてはいずれくわしく記すことにし、ここでは謝枋得の位置は、まさに二つの規範の板ばさみで、その中で彼はあくまでも両者を絶対に守りつづけようとしたことを指摘して、さらに第三の理由に進もう。

おそらくこれが最大の理由であろう。

某《それがし》、太母（太皇太后謝氏）の恩を受けるも亦《また》厚し。諫《かん》行われず、言聴《き》かれずして而《しか》も去らざりしは、なお駑鈍《どどん》を勉竭《べんけつ》して以て上に報いまつらんと願いたればなり。太母軽々しく二三の執政の謀を信じ、祖宗三百年の土地人民を挈《ひっさ》げ、ことごとくこれを□□に献じ、一字の封疆の臣と可否を論じたもうことなし。君臣の義も亦大いに削らる。三宮北遷したまい、すなわち大都より帛書《はくしょ》（手紙）を寄せて曰く「われすでに監司帥臣に代り姓名を具《そな》えて帰附す、宗廟なお保全すべく、生霊（人民）なお救護すべし」と。三尺の童子もその必ずこの事なきを知れり。羣臣《ぐんしん》を紿《あざむ》きて以て兵を罷《や》むるに過ぎざるのみ。宗社を以て存すべしとなし、生霊（人民）を以て救うべしとなし、臣民を陽紿《ようたい》する（欺く）に帰附を以てしたもう。これ、太母の人君たる、自ら君たるの仁をつくし給いしなり。

これは大変に興味深い記述である。宋は結局、戦乱に苦しむ人民を見るにしのびなかった謝太皇太后が、殆ど独断で、その国を元に献上するという形で無条件降伏したことによって終った。自らの選択と決断に基づくという点から見れば、これは太平洋戦争の終結の「国体護持」を条件のポツダム宣言の受諾に似ていよう。いわゆる聖断なるものが、天皇が、空襲に苦しむ民衆を見るに見かねた点にあると多くの関係者は証言する。と同時にその決定は実質的には「二三の執政」との相談で行われ、「封疆の臣と可否を論じたもうことなし」であった。と同時に、「三宮北遷」したように天皇はマッカーサーを訪れ、自己への配慮を要請せず、ひたすら人民の飢えないよう願ったといわれる。そして、多くの日本人はそれに感動したか、少なくとも評価した。これを、絶対的に降伏を否定している謝枋得の、太皇太后への「太母の人君たる、自ら君たるの仁をつくし給いしなり」の高い評価と、護送中の太母の墓への特別な感情、「再拝慟哭す」と対比してみると面白い。

またこれを終戦の翌々日の、宮城前の慟哭の嵐と、これに心底から感動している朝日新聞の記事とを対比するとさらに興味深い。『靖献遺言』の〝感情的な面〟は、少なくとも昭和二十年までは生きていた。否、形を変えて今も生きていよう。ただこの感情の表白は、一見謝枋得に似ていようが、日本人の場合は「天皇陛下にあのような思いをさせて、あいすまない」であったろう。今では多くの人は忘れているであろうし、思い出したくもないであろうが、当時のさまざまな記録を見れば、そうとしか言いようがない――と同時に、一つの歴史的事実として率直に各自の感情を回想してみれば、その通りであっただろう。まさに「君、辱められれば臣死す」なのである。

このことは、いわゆる戦争責任に対する日本人とヨーロッパ人の態度の違いにも表われている。第一次世界大戦におけるカイゼル・ウィルヘルム二世の態度、およびそれへのドイツ国民の態度、また第二次大戦に於けるナチ首脳への態度、それらと日本人の態度は全く違う。伝統が違えば態度が違って当然である。だが戦後にこの違いが、日本のどのような伝統に由来するかを、本当に探究した者はいなかった。いわゆる進歩的文化人は、西欧を範として日本人のこの態度を批判した、というよりむしろ慨嘆し罵倒した。しかし彼らは、結局、日本人のこの態度が何に由来するかも知らず、といって西欧の伝統の基本にあるものも理解していなかった。戦後の出発点は、残念ながらこの「無知」だった。そして無知はさらに呪縛を深め、このことは、今なお日本を苦しめている。

以上のような日本人の態度は『靖献遺言』の「謝枋得」編から、説明できる。また陸海軍の将帥のうち、戦後ずっと謝枋得のような生き方に終始した人、たとえば井上成美《しげよし》海軍大将などへの尊敬は、今なお、いわば完全に〝アメリカ化〟したかに見える現在もつづいていることは興味深い。では、その人たちの態度は謝枋得と同じだったのであろうか。決してそうではない。一見似ているように見えるが、基本は全く違う。そして問題はむしろこの違う点にあるであろう。と同時にこの謝太皇太后の決断とそれへの謝枋得の批評を「森嶋無条件降伏論」と対比してみると興味深い。これも「宗廟なお保全すべく、生霊（人民）なお救護すべし」の「一国献上論」であろう。突拍子もない議論のように言われるが、これはすでに『靖献遺言』で論じられている古い議論である。そしてそのように、この考え方は現代にまで持ち越されており、問題はこの点にもある。

謝太皇太后の態度は、アキュート・アノミーを生じて当然な行為であった。いわば忠誠の対象が自ら姿を消してしまった状態であり、これが、それを忠誠の対象とした人に、完全な規範の喪失を招来して不思議でない。このことは「宮永スパイ事件」との関連に於て、「文藝春秋」誌に詳述したから省略する。そしてこれは「現人神」の謝太皇太后的行動とそれにつづく「人間宣言」によって、生じて当然の状態であった。もちろん経済問題はこれとは別である。経済的合理性の追究は、『勤勉の哲学』で記したように、尊皇思想の以前から、鈴木正三《しょうさん》以来三百六十年、脈々たる伝統を、政治問題を越えて保持しつづけて来た。だが経済的合理性は即、国家理性に於ける合理性を意味しない。経済的合理性は十分に持ちながら、国家理性に於ける合理性を今なお回復し得ない現状は、人びとが意識しようがしまいが、前記のアノミーがいかに深刻な問題であるかを証明しているであろう。

では、謝枋得はどうであったのか。彼は、謝太皇太后の態度を評価しつつ、自らはアノミーに、すなわち規範の喪失にはならなかった。ここに「君臣義アリ」の世界と、「天皇絶対」の世界との基本的な違いがあるであろう。この違いは具体的にはどこに表われているのか。「士」は、「義に則していない命令」を拒否できた。もちろんその前に「諫」が必要だが、「三度《みたび》諫《いさ》めて聴かれざれば即ち去る」の拒否権をもっていた。この点中国人は「義」が絶対であっても「皇帝」が絶対ではない。皇帝が絶対なら、前述のように方孝孺はあり得ない。この点で「諫行われず、言聴かれずして而も去らざりし」謝枋得が、謝太皇太后に、「義」を越える忠誠心を抱いていたことは否定できない。と同時に彼が、謝太皇太后の選択と決断に、一種の共感を抱いていたことも事実で、「これ、太母の人君たる、自ら君たるの仁をつくし給いしなり」の評価にそれが表われているであろう。しかし彼は、それがゆえに、自らの臣の側の「義」を喪失したわけではなかった。簡単にいえばそれは、他者の態度とは関係を持たぬこと、いわば「義」は相対的でなく絶対的な対象だったわけである。

宗社の存すべからず、生霊（人民）の救うべからざるを知り、太母に従って以て帰附せざるは、此《これ》、某《それがし》の人臣となりて、自ら臣たるの義を尽すなり。語に曰く「君は令を行い、臣は志を行う」と。また曰く「命を制するは君に在《あ》り、行を制するは臣に在り、大臣は道を以て君に事《つか》え、可ならざれば則ち止む」と。孔子かつてわれに告げたり「君臣は義を以て合う者なり、合えば則ち就き、合わざれば則ち去る」と。

これより見れば、中国の皇帝は、いかに絶大な権力を所有しようと「現人神」ではあり得ない。いわば「義に合わざる命令」に、臣は拒否権をもち得るからである。だが、戦前は、否、戦後とて、この点の日本人の規範は実にあやふやである。戦前の「軍人勅諭」には、「上官の命令は直ちに朕が命令……」という意味の一句があった。ではその上官が天皇を射殺せよと命じたら部下はどうすればよいのか。この問題は実は、二・二六事件に出てきているのである。もちろん殺されたのは天皇ではない。しかし旧憲法下においては、総理大臣以下の任免は天皇の大権であった。その天皇に任命された者を射殺せよと命じられた場合、部下はそれを天皇の命令として実行する義務があるのか？このことは、二・二六事件の裁判に於て徹底的に論じられて然るべき問題であったが、この点は、結局うやむやにされた。法治国においては、いわば「法」が組織の上下を律する規範すなわち「義」であるならば、前記の言葉は「上官の合法的命令は朕の命令と……」という形になるべきであったであろう。そしてこの原則は戦後には、企業にも自衛隊にも言えるはずである。だが現実はそうではあるまい。

この点から見れば、「士」とは、決して親分の非合法的命令をそのまま実行に移す子分ではなく、あくまでも「義」をもって自らを律するものであった。従って謝枋得は、謝太皇太后の、前記のような行動によって国が滅びても、アノミーにはならなかった。「……生前致仕し、籍を削って民となり、山林に遯逃《とんとう》し、殷《いん》の逋播《ほは》の臣（亡命の臣）の如くなるを乞うあるのみ。聞く『太母上仙（死亡）したまいて久し』と。北向長号し、即死せざるを恨む。今日何の面目あってか、麦飯を捧げて太母の陵に洒《そそ》がんや。これ、聘に応ずべからざる者の三なり」と。

従って彼は、たとえ宋が滅びても自らの規範を失うことがなかった。宋に於て「籍を削って民」となった以上、そのままであるべきで、元が現われて自分を招聘したからといって、それに応ずべきではない。しかし、大元が自分を遊民として放置しておいてくれたことに決して恩義を感じないわけではない。だがしかし、自分は次のように考えているがゆえに、仕えることも食の支給を受けることもできない、と言って次のようにのべている。

某《それがし》は九月十一日、嘉禾《かか》を離れてより、則ち煙火を食せず。今は則ち勺水《しやくすい》（一杯の水）をも弁《あわ》せて口に入れず。ただ速やかに死し、周の夷斉（伯夷・叔斉）、漢の龔勝《きようしよう》と同じく青史に垂れ、以て天下万世、臣となりて不忠の者を愧《はずか》しむべきを願う。茲《ここ》に頒賜を蒙《こうむ》り、仰ぎて士を礼するの盛心を見る。某《それがし》、これを聞けり「人の粟《ぞく》を食する者は当《まさ》に人の憂を分つべく、人の衣を衣《き》る者は、当に人の労に任ずべく、人の車に乗る者は、当に人の難を載すべし」と。某《それがし》、既に死を以て自ら処《お》り、この生、恩遇に報答すること能《あた》わざるをはかれり。義として敢えて拝受せず、有《たも》つ所の鈞翰台餽《きんかんだいき》（宰相の書翰と食物等の下賜品）の事件（物件）は、ことごとく来使に交還し、使帑（使いとして来る下僕）に回納す。

以上のように見てくると、何が故に謝枋得を明の大儒の許浩《きよこう》が強く称揚しているかがわかる。彼は常に「身を殺して仁を成し」ついで「生を捨てて義をとり」、「綱常を、夷狄華を乱る時に」（三綱五常という絶対的規範を夷狄が中国を乱したときも）保持しつづけ

「能《よ》く孔孟の訓《おしえ》に遵《したが》えりというべし」だったからである。

ここに、『靖献遺言』の中の人間と、日本人特に現代の日本人との基本的な違いがあるであろう。もちろん私がこういっても、それは「封建的孔孟から民主的アメリカへと転化した違い」の意味ではない。いわば『靖献遺言』の中の人物はすべて、自己の規範、自己の行動原理が何に基づくか明確に把握していた。それがすなわち「孔孟の教え」であり、それを意識的かつ意志的に遵守している。それであるがゆえに、「長い者にまかれろ」でも、「天下を丸めた者に従う」でもない。では戦後の日本人は、何を自己の規範としているのか。孔孟か？ まさか！ ではコーランか、とんでもない。と言って欧米の伝統的聖書的規範でもあるまい。では何の規範もないのか。とんでもない、厳しい規範があることはだれでも知っている。では何に基づくのか。何か決定的なときその典拠を問われたら、何と答え得るのか。答えられまい——ここに戦前を消したがゆえにそれが呪縛化して典拠なき規範となり、人びとはただそれに無批判に従っている。文化人類学者の中には、その状態を最未開の状態と定義する人もいるそうである。だがこの第一歩は明治にはじまっているのである。

「消すから呪縛になる、呪縛になるから、理由もわからず、解明できず、従って抵抗できない」という恐ろしい状態が、はっきりと出てくるのは、戦前、戦中そしてその末期なのだが、これはむしろ謝枋得の第二章、第三章と関連する問題である。私は戦前の日本人の外交感覚を完全に狂わし、究極的には謝太皇太后への道と同じ道を歩ましたのが、『靖献遺言』のこの部分だと思っている。そしてこの呪縛が形を変えて戦後にも残っているため、日本の外交（というより「外交世論」乃至は「外交新聞論説」）は、未だに、『靖献遺言』の心理的支配下にあると言ってもよい。さらにその背後にあるのが、さまざまに形を変えながら根強く存続しつづける「日本特殊国家論」なのである。

売国奴と愛国者のあいだ

ここで少々横道にそれ、補助線として、岸田秀氏との対談、『日本人と「日本病」について』（文藝春秋刊）の岸田秀氏の「プロローグ」を取りあげてみたい。

この中で岸田氏は、日本軍の行動と神経症にかかったネズミとを対比して、「わたしには、このネズミと日本軍がダブって見える」と結論されている。一体なぜ、そう見えるのであろう。以下に少し、要約して、岸田氏の「プロローグ」を引用させていただこう。

ネズミをT字路のスタートラインにおき、突き当たって一方に曲がれば餌があり、他方に曲がれば電気ショックを受けるというようにしておく。この場合、右側へ曲がれば必ず餌があり、左側へ曲がれば必ず電気ショックがあるというようにしておけば、ときには右側が明るくて左側が暗く、ときには左側が明るくて右側が暗いという不規則性を加えても、そのうちネズミは、とにかく右側へ曲がればいいということを学び、必ず右側へ曲がるようになる。これは、明るい側（または暗い側）に必ず餌があり、暗い側（または明るい側）に必ず電気ショックがあるようにしておいても同じで、そのうちネズミは、それが右側であるか左側であるかにかかわらず、とにかく明るい側（または暗い側）へ行くようになる。このようにして形成されたネズミの条件反応には臨機応変性、柔軟性があって、必ず右側（または明るい側）へ曲がるように条件づけられたネズミを、今度は、左側（または暗い側）に餌があるT字路においてやれば、そのうち左側（または暗い側）へ曲がるようになる。反応形式を状況に応じて変更できるわけである。

ところが、餌と電気ショックが、ときには右側、ときには左側、ときには明るい側、ときには暗い側というぐあいに、いっさい規則性を欠いたT字路にネズミをおくと、そのうちネズミは、状況を無視した固定的、強迫的反応を示しはじめる。たとえば、餌があろうがなかろうが、右側なら右側へ曲がる反応が固定する。いったん、たとえば右側へ曲がる反応が固定すると、今度そのネズミを右側へ曲がれば必ず電気ショックがあるT字路においても、依然としてネズミは、何度電気ショックを受けて痛い目に遭っても、右側へ曲がりつづけるのである（消去抵抗）。このネズミの行動を擬人的に解釈すれば、ネズミは、何ら規則性が発見できない状況に放り込まれてどうしていいかわからず不安になり、しかし、腹が減ってくるから何らかの行動は起こさざるを得ないので、不安から逃れるため、とにかく根拠はないが右側なら右側へ曲がるという方針を決定し、いったん決定すると、何度失敗しても断乎として方針を変えないわけである。わたしには、このネズミと日本軍がダブって見える。

大分長く引用させていただいたが、確かに日本軍はそうであった。「情況は全くわからなくなった。わからないならわからないで致し方がない。断乎、自分の行き方を貫くまでだ。それで全滅するなら、全滅して本望だ」とばかりに、何度失敗しても、同じことを全滅するまでやるのである。その点では確かにネズミ的である。だが日本軍とは日本人であり、日本人とはその歴史の産物である。そこでこれをさらに大きく歴史的に見ていったらどうであろうか。ある情況に於て右に曲がったら非常に痛い目にあった。そこで左に曲がったらうまくいった。そのため以後は専ら左に曲がりつづける。情況が変化しないなら、これはうまくいくであろう。だがひとたび情況が変化すれば、左に曲がることによって右に曲がったと同じ結果を生ずる。だが同じ結果を生じても左に曲がれば大丈夫と信じ、痛い目にあいつづけても左に曲がっていれば、ネズミは餓死するに至るであろう。もしそういう行動をとったら、それはネズミ以下ということになる。というのは、岸田氏の記されたネズミはもうちょっと柔軟性があるからである。一体、近代史を通じてみればこの間の日本人の行き方はどうなっているのであろう。

そう考えてみて以上のことを幕末・戦前・戦後の日本にあてはめてみると面白い。戦前の日本人は、ある行為をすれば亡国になり、その逆をすれば必ず勝者となって安全であると信じ込んでいた。もちろん、何によってそう信じ込まされたかは忘れたか、消したかしてしまった。従ってそれは一種の呪縛のようになり、だれもこの行き方をどうすることもできない。これは全日本人的態度で、軍隊はただそれが鮮明に出ているにすぎないのである。では何が日本人をそうしたのか。簡単にいえば浅見絅斎《けいさい》が「謝枋得《しゃぼうとく》」編で長々と記した宋滅亡の経過とそれへの朱子の批評である。ここでは北方の金と講和を策する和平派は全部売国奴でその象徴が秦檜《しんかい》であり、李綱《りこう》や尽忠報国の岳飛《がくひ》に象徴される軍人はみな愛国者なのである。従って、軍人の言う通りにしていれば、謝太皇太后が国を元に献じて滅びるような事態にはならなかったであろうという結論が一応出てくる。こういう図式を頭の中に叩き込まれていれば、李鴻章《りこうしょう》は狙撃され、小村寿太郎は売国奴とされ、東大に「バイカル七博士」が出現し、講和反対の焼打ち事件が起って不思議ではない〔明治三十六年、東大教授戸水寛人ら七人は対ロシア開戦を唱え、バイカル湖以東割譲要求などを主張、「バイカル博士」の異名をとる。のちポーツマス条約にも反対して世論を喚起、日比谷焼き討ち事件の一因となったとされる――編集部注〕。何しろ「謝枋得」編を読んでいくと「譲歩は敗北への道だ」になるから、軟弱外交否定、決裂も辞せず一歩もひくなと、断固主張するのが勝利と国家保全の道であり、これをつきつめれば、譲歩妥協して他国と条約を結ぶことさえ悪になってしまう。

　日本は大体そのようにし、そうしていれば国は保持できるという呪縛にかかっており、軍人だけでなくマスコミも世論も、三十余年前の八月十五日までそれを主張しつづけた。ところがこの考え方・行き方により、大変に「痛い目」にあった。そこで戦後の日本人はほぼその瞬間に、戦前の逆をやれば安全と信じ込んだ。いわばT字路に置かれたネズミは、明治には「謝枋得」編の宋滅亡の逆の方向（これを右としよう）へ曲がることによって一応成功した。いわば「痛い目」より「餌の方」へと曲がって、近代化という成功を克ちとった。ところがこれが固定し、客観情勢が変っても同じように右に曲がりつづけ、大変に「痛い目」にあった。そこで左に曲がって意外な戦後的成功を克ち得た。すると今度は客観情勢が変化しても左に曲がりつづけよと主張される。ところが今になってまことに規則性のない国際情勢の中に放り出された。もっとも過去にも国際的環境は戦場と同様元来は規則性がないのだが、自らのうちに呪縛化した規則性に基づき、その通りやったり、その逆をやったりして、その成功と失敗を規則性としてきたわけである。それが少々あやしくなってきたわけだが、そうなると変化する情況に対応できなくなり、この辺で岸田氏が指摘する消去抵抗が出て来て、どちらか一方へ、客観情勢の変化に関係なくまた曲がりつづけるかも知れない。というのは、それと大変似た状態を過去にも現出しているからである。

一つ一つあげて行けば際限がないが、実際は別として少なくとも発想で「戦後」とは「戦前」の「反世界」であり、それを主張しさえすれば、その人間が「義」であることは事実であった。これはちょうど戦前に於て「謝枋得」編の宋滅亡の経過の逆を主張していればそれが「義」であったのと似ている。たとえば戦前は強大な陸海軍をもち、すべての国を敵としたから戦後はその逆に非武装中立ですべての国と仲よくしようとなり、そうすればあのようなことはないという発想になる。この種の「戦前＝悪、その逆をすれば義」的な考え方は、戦前は「親共」が悪、戦後は「反共」が悪といった裏返し状態を例にあげるまでもなく、新聞の投書その他の到る所にある。それを要約すれば「逆コース」という批判の内容になるであろう。この言葉を、岸田氏のネズミと対比すれば、戦後の「コース」は戦前を基準とすれば「逆コース」ということになり、戦後を基準とすれば戦前が「逆コース」ということにもなる。従ってこの言葉の背後にあるものは、通常使われるのは後の意味だが、この「逆コース」を悪とするなら、戦前の逆をやればよろしいということなのである。と同時に戦前は、絅斎の指摘したように、宋が滅亡へと進むコースの逆を行けばよく、宋の道を歩めば逆コースだったわけである。そしてこの考え方は右に出ようと左に出ようと、最終的には、非常に把握しにくい客観情勢の変化が入る余地がなくなってしまうのである。

ところがそれでいながら、この「逆コース・コース・逆コース」を共通する絅斎的発想が一貫してあり、それは一言でいえば「攘夷」なのである。「攘夷」などと言うと何やらもう過ぎさったことのように思われるが、『靖献遺言《せいけんいげん》』が一種の革命思想として機能し得たのはそこにある攘夷的発想の故であり、これは日本の革新的思想に常に内在する問題だからである。一体、「尊皇」は体制変革の契機になり得たであろうか。確かにこれが基本だが、しかし山崎闇斎《あんさい》が天皇の正統性を論証しても、それは必ずしも幕府を排除することにはならず、「天皇から将軍に宣下されたのだから幕府は合法的統治権をもつ。従って幕府への反乱は天皇への反乱である」という議論も成り立つ。この点では闇斎が幕府の閣老保科正之に仕えたところで矛盾ではない。そして天皇自らがこれを宣言すれば、正統論は逆に幕府体制絶対の思想的根拠となってしまう。そして元来は、幕府自身が、それがために朱子学を官学としたと言っても過言ではない。

そうなれば幕府が率先して「尊皇」であって少しも不思議ではない。特に「尊」を儀礼的な意味にとれば、勅使に対する幕府の態度などはまさに「尊」の一語につきる。妙な言い方だが、幕末に於ける「尊皇」は戦後の「民主主義」のようなもので、全員がこれを口にし、これを主張し、自らがその体現者として振舞っており、こうなると「尊皇」というスローガンは「倒幕」にはならず、変革を招来することも不可能になってくる。これをみるとその状態は、「民主集中制共産党」から「民主自由党」に至るまで、すべてが「民主」を「主」「義」としても、「私は民主主義に反対し、これを否定する」と主張する人間が皆無に等しい戦後の日本に似ている。いわば保守も革新も「民主」を主張するように、当時は幕府も反幕府も「尊皇」を主張していた。こうなれば「尊皇」だけでは、戦後の「民主」同様、変革の契機とならなくて不思議ではない。

だが「攘夷」となるとこれは少々事情が違い、単に、何らかの形式的な正統性を絶対化するのとは別の、現実的政策の問題になってくる。そして「尊皇攘夷」となれば、「攘夷でないものは、たとえその本人が尊皇を口にしても、実際は尊皇ではない」という主張ができる。いわば攘夷は一種の判別用試験紙であり、これによってその人が「本物の尊皇」か「にせものの尊皇」かが分けられるのである。これは戦前・戦後を通じての「反米であるか否か」が、その人の「真・偽」を判定する試験紙であり得たのによく似ている。そして幕末から現代まで、日本では「革新」はほぼ同時に「反米」であった。コースは何回も逆転しているように見えて、ここには実に興味深い「攘夷的継続性」とイデオロギーの結合があると言わねばならない。そして「逆」になったのは、この継続性の中で、それを主張する日本人の側の、革新的イデオロギーの方向の差にすぎない、ということなのである。

「口で民主主義をとなえても、米帝と結託している政府は民主主義ではない」と同じように「口で尊皇をとなえても、洋夷と結託している幕府は尊皇ではない」し、「鬼畜米英と妥協しようとする政府は国賊」なのである。さらに絅斎にとっては江戸の幕府は「東夷」でこれを打ちはらうことが「尊皇」であった。だがこの発想は、たとえ「尊皇」が戦後の「民主主義」のような〝正統思想〟になっても、すぐ受け入れられたわけではない。だがこの「東夷」が「洋夷」と妥協し、結託し、まるで宋の宰相秦檜のようになり、それによって日本が絅斎の描く宋末と同じようになっていく、ということになれば、この「洋夷＋東夷」を一掃することが攘夷であり、それによって天皇と日本国の絶対性が保持できるなら、これを主張しかつ実行する者のみが「真の尊皇」になるわけである。そしてこの「真の尊皇」があってこそ、国の独立があり得る、となるから、それに反対する者は亡国の徒であり国賊であるという結論になり、そこで天皇に宣下された幕府への討幕は正当化される。いわば「尊皇」は「攘夷」と結合してはじめて変革のイデオロギーになっても、尊皇というイデオロギーだけでは機能していない。その点から見れば、「謝枋得」編が『靖献遺言』の中で最大の量を占め、その中心を形成して不思議ではない。

だがここで、宋が滅亡に至る長い経過を詳述するわけにはいかない。簡単に要約すれば和平派と抗戦派の延々たる論戦・抵抗・弾劾・批判・粛清の連続である。そして一貫して和平派は「不純・私利」で、抗戦派は「純粋・殉国」であるとされているが、いまこれを読んでみても、また他の史書や解説を見ても、どちらの主張が正しかったかは判定がつかない。もちろん「歴史的if」は無意味であろうが、たとえ抗戦派がクーデターを起して「君側の奸＝和平派」を一掃し、徹底抗戦をしたところで、結果は同じか、さらに悲惨であったかも知れぬ。そしてこれが、前にのべたように、謝太皇太后がついに国を元に献じたことを、謝枋得もそしておそらく絅斎も、一面では評価せざるを得なくなっている理由であろう。それはまことに、一国の崩壊とはこういうものかと思わせる経過である。

同時に当時の国際情勢の変化もまた、目まぐるしかった。宋をさんざん苦しめた金の背後に元が興る。宋はこの元と結んで金を撃つ。いまにも滅びるかと思われた宋より先に金が滅ぶ。すると今度は元が宋に襲いかかる。その前には金が傀儡《かいらい》政権を樹立し劉予《りゅうよ》を皇帝として「宋」を「江南」と呼んで一州の如くにあつかう。しかし「劉予は醜虜に臣事し、南面して王と称す。自らおもえらく、「子孫帝王万世不抜の業なり」と。一旦豺狼慮《おもんぱか》りを改め、捽《つか》みて之を縛り、父子虜《とりこ》となれり」といった内紛も現出し、これに乗じて宋は一時的に勝利を得る。となると宋では枢密院編修官胡銓《こせん》が「臣窃《ひそ》かにおもえらく、「秦檜・孫近もまた斬る可《べ》きなり」と。……義として檜らと共に天を戴《いただ》かず。区々の心、願わくは（和平派）三人の頭を断《き》り、これを藁街《こうがい》（夷狄の居留地）に竿にし、然る後、虜使を羈留《きりゅう》し、責むるに無礼を以てし、徐《おもむろ》に罪を問うの師興さば、則ち三軍の士、戦わずして気自《おのずか》ら倍せん」と主張する。これらの情勢の変化を一つ一つ見ていくと、その場にいる者には、何とも対応の方法がなくなって来て当然だという気がする。

ここでもう一度冒頭の引用にかえっていただきたい。「ネズミの条件反応には臨機応変性、柔軟性があって……反応形式は状況に応じて変更できる……ところが……いっさい規則性を欠いた」状態になると「ネズミは、状況を無視した固定的、強迫的反応を示しはじめる」と。この状態は、戦前の平沼内閣の「国際情勢は複雑怪奇」の一言を残して退陣した後のような状態であろう。自分の方はもうそれに対応する能力はなくなったのである。こういうときには「これで行くしかない」という「固定的、強迫的反応」が起る。確かにそういう反応を日本は起したが、『靖献遺言』の中に登場する朱子の発言もまたこれに似てくるのである。

前述のように宋末の対外的・対内的「複雑怪奇」さは省略するが、そのような状態であったという前提のもとに以下に記す「朱子その人の登場と意見」を読んでいただきたい。朱子は絅斎にとって「神の如き人」であり、従ってこの言葉は神託のように絶対的になってくるからである。そしてこれは『靖献遺言』をバイブルとした幕末の志士にとっても絶対的拘束力があった。いまの人には相当に読みづらいと思うが、これだけは漢字の一部をかなにする程度で、引用させていただく。

初め、癸未の年（一一六三年）、朱子召に応じて行宮に至り、奏して言う。今日の国計を論ずる者は、たいがい三あり、曰く戦い、曰く守り、曰く和のみ。しかるに天下の事、利には必ず害あり、得には必ず失あり、ここを以て三つの者のうち、また各々両端あり。けだし戦いはまこと進取の勢いにして、しかもまた軽挙の失あり。守はまことに自治（内政）の術にして、しかもまた久しきを持するの難あり。和の策に至りてはすなわち下る。しかるにその計をつかさどる者もまた、おもえらく「己を屈し民を愛し、力を蓄え釁《きん》（隙《すき》）をみ、敵を疑わし（和睦かと思わせておいて）師をゆるむ、未だ失計となさず」と。

多事以来、この三説六端（戦・守・和とそれぞれの主張の両端）の者、冥々《めいめい》のうちに是非相攻め、可否相奪う。談ずる者は各々その私を飾りて、而して聴く者はその眩《げん》（眩惑《わく》）にたえず。これその然るゆえんの者は、義理の根本に折衷《しこう》せずして、利害の末流に馳騖《ちぶ》（奔走）するの故に由《よ》るなり。故に臣、かっておもえらく「人主の学は、まさに理を明らかにするを以て先となすべし」と。この理すでに明らかなれば、すなわちおよそまさになすべき所にして而して必ずなし、まさになすべからざる所にして而して必ずやむ者なり。天の理に循《したが》うにあらざることなくして、而して意、必、固、我の私あるにあらざるなり。請うまたその実を指して、これを明らかにせん（論語子罕篇「子ハ四ツヲ絶テリ、意ナク、必ナク、固ナク、我ナシ」による）。

天高く地低く、人、中に位す。天の道は陰陽より出でず、地の道は柔剛より出でず。

これすなわち仁と義とを舎《す》てて、また以て人の道を立つることなし。然《しか》り而《しこう》して仁は父子より大なるはなく、義は君臣より大なるはなし。これを「三綱の要」「五常の本」という。人倫は天理の至り、天地の間に逃るる所なし。その君父の讎《あだ》は与《とも》に共《とも》に天を戴かずと曰《い》う者は、すなわち天のおおうところ、地の載すところ、凡《およ》そ君臣父子の性ある者、至痛自《おのずか》ら已《や》むことあたわざるの同情に発して、専ら一己《いっこ》の私に出《い》ずるにあらざるなり。

国家の北虜（金のこと）におけるは、すなわち陵廟（徽宗・欽宗の捕われて死すことを指す）の深讎、その与に共に天を戴くべからざること明らかなり。しからば則《すなわ》ち今日まさになす所のものは、戦いにあらざれば以て讎《あだ》を復することなく、守にあらざれば以て勝を制することなし。これみな天理の自然にて、人欲の私《し》忿《ふん》にあらざるなり。陛下すでに必ずなすに意あり。このごろ知らず、何人かすなわちまた唱えて邪義をなし、以て聖聴を熒惑《けいわく》し、朝臣を遣わし、書を持して以て虜師に復して（金に返事をして）、講和の計をなすに至れるかを。臣うらむ、陛下まさになすべからざる所の者に於いて、必ず止むる能《あた》わずして、重ねてこの挙を失いたまいしを。夫子（孔子）政をなすに、名を正すを以て先となせり（子路篇、名分を正すの意）。けだし、名正しからざれば則ち言したがわず、事ならず。しかして民その手足を措《お》く所なし。今すなわち讎を復するの名を舎てて、而して講好を以て釁《きん》（隙）をみ、師をゆるむるの計となさんと欲す。けだしただ上下をして心を離し、中外をして解体せしめ、緩急の間、以て敵に応ずること無きのみならず、而してわれらの君臣上下、ために夙《しゆく》興夜《こうや》寐《び》して以て自治（内政）の政を修むる所の者も、またまさに因循隳弛《きし》（やぶれゆるむ）してまた振わざらんとす。

かつ、宣和靖康より以来、和を請うの効もまた槩見《がいけん》すべし。しかるに小人好みてこの説をなすゆえんのものは、けだしただ君子にして然る後義理は必ずまさになすべき所と、義理の必ずたのむべきとを知り、利害得失、既にその心に入る所なくして、而してその学、また以て事物の変に応ずるに足る。ここをもって気勇み　謀《はかりごと》　明らかに、懾憚《しようたん》（おそれはばかる）する所なし。不幸にして蹉跌《さてつ》するとも、死生これを以てす。小人の心は一切これに反す。その専ら講和の説をなすゆえんのものは、特に以てその私に便ずるのみ。しかるに国を謀る者、過《あやま》ってこれを聴けり。あに、過らざらんや。

願わくは陛下、しばらく利害交至の説を置いて、而して窮理を以て先となし、仁義の道、三綱の本に於いて少しく意を加えたまえ。亟《すみや》かに講和の義をやめ、大いに黜《ちゆつ》陟《ちよく》を明らかにして、以て天下に示し、讐《あだ》を復し、恥をすすぐの本意、未だかつて少しも衰えざるを知らしめ、必ず中原を復し、胡虜を滅すを以て期となし而して後やまん。その成敗利鈍は逆《あらかじ》め睹《み》るべからずといえども、しかもわが君臣父子の間に於いて、すでに憾《うら》みなければ、則ちその屈辱していやしくも存するにまさること、もとよりすでに遠し。

願わくは陛下、これを以て心をおき、これを以て志を立てたまえば、則ち仁義の道、上に明らかにして、忠孝の俗、下になり、天地の和気自《おのず》からまさに忻合《きんごう》(よろこび合う)して間《へだて》なかるべし。而して夷狄禽獣もまた、まさに久しくその毒を肆《ほしいまま》にすることを得ざらんとす。則ち何の事か、これ成るべからざらんや。何の功か、これ立つべからざらんや。

幕末から明治、さらに戦前・戦中の日本を頭に浮べ、そのときどきのスローガン、「尊皇攘夷」、夷狄に等しい「蔣政権を相手にせず」「英霊に相すまないから撤兵できない」「鬼畜米英」「道義に基づく東亜新秩序」「撃ちてしやまん」「一億玉砕」等々、その発想の本はすべてここに登場する。

朱子はこれによって武学博士侍次になる。武学とは宋の神宗のときにつくられた兵法の学校、いわば陸軍大学であり、朱子はそこの教授になったわけである。だが、そのときの宰相は和平派の湯思退《とうしたい》であった。朱子はこれと意見があわず、すぐに辞職して故郷に帰り、「戊午讜議《ぼごとうぎ》の序」を記した。簡単にいえば「義に基づく直言集序」であり、友人が編纂した彼の直言集に自ら序文を書いたわけである。絅斎はその全文を引用しているが、前の朱子の意見とほぼ同じなので省略しよう。ただ問題はこれら全体に対し、絅斎が行っている結論なのである。

古《いにしえ》より国家の敗亡を見るに、その失、講和より甚だしきはなし。而して和を以て亡に致せるは、未だ趙（宋の前）宋の乖《そむ》けるが若《ごと》き者有らず、実に万世の殷鑒《いんかん》なり。因《よ》って略《ほぼ》、その本末を陳《の》べ、弁《あわ》せて当時の正義のもっとも的確となすものを採ること、右の如くにして、「戊午讜議の序」を以てこれを結ぶ。

これでは「平和」を主張する者はすべて「亡国の徒」になってしまう。これが、宋の滅亡から絅斎自身が引き出した結論であっただろう。そしてこれが、情況が錯綜し「複雑怪奇」となって対応できなかった戦前において、平和を主張すれば「亡国の徒」、いたずらに強硬であれば「愛国者」という図式になって、これが固定的、強迫的反応となって日本を拘束し、どうにもならない状態にしてしまった。それから見れば、日露の講和で小村寿太郎が国賊とされ、焼打ち事件が起っても別に不思議ではあるまい。何てバカなことをやっていたのか。今ならそう見えるであろう。しかし忘れてならないことがある。それは、絅斎の発想に従ってやって来た幕末から維新にかけての行き方が一応の成功をおさめてきたという事実である。それは方向が違うとはいえ、戦後の異常な成功に似た面がある。もちろん幕末も明治も、その現実的対応がすべて絅斎の指定通りであったわけではない。だがそれは、一つの原則を基にしつつも、情勢の変化に対応しての「臨機応変性、柔軟性」があったということなのである。と同時に明治の指導者は、自分たちの思想を意識的に把握していた。そしてその把握がある限り、それは無自覚の絶対化にならず、この思想そのものに対しても柔軟に対応できたわけである。ところが昭和は、これがまるで潜在意識下から人びとを拘束しているような形になり、主観的にはさまざまの理由をのべつつも、実際はこれが絶対的ともいえる〝神経症的原則〟になってしまった。

ついで絅斎は、理宗の登位が正統性にもとり、ここに、宋があのようになってついに滅亡して行った遠因があると記しているが、これは省略しよう。本書はもちろん『靖献遺言』の解説と批判をするのが目的でなく、日本人にとってイデオロギーとは何か、何であったか、を現人神の創作者たちを通じて検討するのが目的である。もちろん「神王イデオロギー」は古代のオリエント以来存在しながらそれ自体は珍しくないが、「現人神イデオロギー」はそれと同じとはいえず、「神話時代の日本」とも同じでない。それを探究という点から見れば、少々絅斎にこだわりすぎたと思われる点もある。しかし彼の思想も生活も態度もまことに「日本人離れ」のしたイデオロギストであり、それがゆえに以後の日本に、陰に陽にさまざまな影響を与えていることは否定できない。そこでもう一度総括して、先に進みたいと思う。

言うまでもなく『靖献遺言』で取り上げられているのは八人であり、この八人を通じての統一的人物像を描くことは不可能である。時代も違えば境遇も違う。ただ、その中にほぼ共通して言えることは、みな、何らかの形で「現実の体制の外」に絶対性を置き、その絶対性に従うことが「義」だと考え、その「義」のために、体制が自分を殺しても外敵に滅ぼされてもそれを甘受するという行き方である。と同時にその義に対して「敬義内外」一体であり、そのため、それが個人倫理でなく、一種の国民倫理であらねばならぬとする点である。たとえば朱子の「その成敗利鈍は逆《あらかじ》め睹《み》るべからずといえども、しかもわが君臣父子の間に於いて、すでに憾《うら》みなければ、則ちその屈辱していやしくも存するにまさること、もとよりすでに遠し」となると、結果に於ては失敗して、宋が滅びても、屈辱をしのんでかろうじて存立して行くことに比べれば、はるかにその方がいい、ということになってしまう。これでは、一億玉砕ならぬ一宋玉砕論となってくる。これは国家民族の存続よりも、ある種の対象が絶対化され、そのためには全員が殉教してもよいという考え方になる。もちろんそれにつづく朱子の言葉は、その決心でやれば「則ち何の事か、これ成るべからざらん」であろうが――。しかし、たとえならなくても、それによってこの絶対性が崩れるわけではない。

確かに「変革」というものは、体制の外に絶対性をおき、それを基軸として体制の方を変えて行くのだという発想がなければあり得ない。だがしかし、徳川時代の朱子学は決して革新とはいえず、革新的にも保守的にも機能しており、体制のイデオロギーにも反体制尊皇派のイデオロギーにもなっている。体制側も共々これを絶対化すれば変革にはならない。そこで前述のように「攘夷」が登場しなければならない。これは、今もなお残る日本人とイデオロギーの関係なのである。

これは、極端な例をあげればだれにでも理解できることであろう。もしここに奇妙な人間が出て、たとえば浅見絅斎が生れ出てきて、朱子学的体制を絶対化し、これを基軸にして日本の戦後民主主義体制を一変させようとするなら、これは確かに体制の外部に絶対性をおく変革である。しかし「民主主義」を絶対化するなら、これはすでに体制の中にあり、「本物・偽物」論争しか起らない。そしてその判別用試験紙に、どの外国にどのような態度をとるかを使う、という考え方は、絅斎→攘夷の伝統であろう。そしてこれが、日本人から外交能力を奪ってしまった。従ってチャーチルのような態度も、キッシンジャーのような態度もとれない。このことが、情勢の変化に対応できぬ状態を生み出し、これが、岸田氏の指摘する状態への転落を加速させるのである。

この状態からどのように脱するかは、未だに解決していない課題である。そしてそれへの第一歩は、日本人とイデオロギーの以上の関係をもう一度把握することであろう。

ここでさらに考えるべきもう一つの問題は、なぜこの『靖献遺言』が現実へと機能したのか、という問題である。前述の朱子の文章を「昔、中国で朱子という人がこういうことを言ったそうだ」と受けとるなら、いわば一つの「歴史的事実」として存在したということを知るだけなら、それは研究の対象となり得ても、後代を拘束するイデオロギーとはなり得ない。聖書を研究することを「聖書学」と言い、仏教を研究することを「仏教学」と言うような意味で朱子を研究することを「朱子学」と言うなら、それはもはやイデオロギーではなく研究対象である。こうなれば、それは「信仰的力」をもち得ない。これは「二千年前ユダヤの国でイエスという男がこう言った」「十九世紀にユダヤ系ドイツ人マルクスがイギリスでこう言った」と言うのと同じであり、「へえー、外国でそんなことがあったのか」で終りなのである。

だが前に記した『中朝事実』以降、中国とは日本のことであり、朱子は自己の伝統の形成者なのである。これはキリスト教国に於てイエスの国籍とは関係なく、共産主義者乃至《ないし》は共産主義国に於てはマルクスの国籍には無関係に、これが、自己が従っている伝統の形成者となっているのと同じ現象である。これは過去の外国の思想がイデオロギーとして機能する第一歩であり、絅斎のときにはすでにその下地は形成されていた。

だがそれは機能の第一歩にすぎない。そこには、その思想の体現者・殉教者がおり、それが前記の前提によって各人の絶対的規範とならなければならない。そしてその一つが文天祥と謝枋得の生き方であり、前述のように中国人朱舜水《しゅしゅんすい》は、正成と正行の中に文天祥を見ていた。こうなると、その生き方通りにした者が立派で、その生き方通りにしなかった者は立派でないということになり、同時に、自己の生き方をそれと同じと披瀝《ひれき》してその決意を明らかにする者がいれば、それは信ずるに足る人間だということになる。同じことはいずれの国にも起る。

宗教改革者ルターは、旧約聖書の詩篇を範として讃美歌をつくり、クロムウェルの清教徒軍はこれを軍歌とした。だがこの二つの詩は決して同じではない。そして文天祥の「正気の歌」を範として藤田東湖の「正気の歌に和す」がつくられ、これが尊皇の志士の一種の〝軍歌〟になっていく。だが、この両詩の間にも実に大きな差がある。それは文天祥と正成・正行の間のような差がある。だが差があってもこれを作った本人と、これを吟じて「シビレ」る者は、共にこれが「正気の歌」であることを疑っていない。ここに、機能し得る思想の移転が起る。

二つの詩を対照してみると面白いのだが、それは余り長くなるし、また両詩とも実に引用が多いので、一つ一つ解説すれば膨大なものになってしまう。そこで本書では、その冒頭の部分だけを対比してみよう。まず文天祥では「天地正気あり、雑然として流形(万物)に賦《ふ》(分布)す。下は則ち河嶽となり、上は則ち日星となる。人に於ては浩然と曰《い》い、沛乎《はいこ》(水の盛んなさま)として蒼冥《そうめい》(天地)に塞がる。皇路(王道)清夷(平)なるに当りては和を含みて明庭(明らかな朝廷)に吐く。時窮して(明庭の逆・乱世)は節乃《すなわ》ち見《あらわ》れ、一々丹青に垂る(後略)……」この最後の「丹青」は絵画のことだが、ここでは歴史の意味に使っている。なぜこう書いたのか、いろいろの解釈があるが、それは省略して、次に藤田東湖の「正気の歌に和す」を引用しよう。

天地正大の気、粋然として神州に鍾《あつま》る、秀でては不二の嶽となり、巍々《ぎぎ》として千秋に聳《そび》ゆ。注しては大瀛《たいえい》の水となり、洋々として八洲を環《めぐ》る。発しては万朶《ばんだ》の桜となり、衆芳与に儔《たぐい》しがたし。凝《こ》っては百錬の鉄となり、鋭利、鍪《かぶと》を断つべし。藎臣《じんしん》みな熊羆《ゆうひ》、武夫尽《ことごと》く好仇。神州孰《いずれ》か君臨す、万古、天皇を仰ぐ。皇風六合に洽《あまね》く、明徳太陽に侔《ひと》し。世に汚隆《おりゅう》無くんばあらず、正気時に光を放つ。（後略）

この二つは全く無関係とはいえない。だが決して同じでないことは明らかであろう。そしてこれにつづいて双方とも、東湖のいわゆる「正気」光を放つの人物をあげており、これまた関連なしとはいえないが、それを対比して行くと、日本と中国とはその歴史において、いかに努力しても同じタイプの人間を見出し得ない、全く別の文化をもつ別の国だと思わざるを得ない。しかし東湖自身も、またこれを吟じて〝軍歌〟にしたものも決してそうは思っておらず、文天祥＝正成・正行の思想と行動を真に継承しているのは自分たちだと信じているのである。これは朱子の正統論から見れば、真に正統性を主張しうるのは日本の天皇だけだという闇斎の論証、『中朝事実』的発想から見れば、当然の一帰結であろう。そしてこれが出て来たときに、異質の文化の中に生れた異質の思想が、他国に移転してイデオロギーとして機能しはじめ、中国には存在しない「現人神」を生み出していくのである。

〔上巻　了〕

文庫版への解説　「初めに言葉があった」

山本良樹

父は召集されて戦場に赴くとき、一冊の書物の携行を許されたそうである。選びとったのは、ドイツの哲学者カントの主著『純粋理性批判』だった。そしてこの書物を、修羅場と化した南海の戦場で、邪悪な霊から身を守る護符のように身につけていたという。もちろん読む暇などは、ほとんどなかったのだが。

かつて父はそう述懐していたが、おそらくはカントのあの怜悧な言葉は、恐れや哀しみ、怒りや絶望などの肉体的な苦痛を伴った人間的な感情が、この世のものとも思えぬ怒号や叫びに満ちた戦場の中で、極限に達して狂気に変容する過程に直面しながら、清涼なクリスタルの水滴のように、父の理性を守ってくれたに違いない。

ドイツ語の「理性」の語源が、冒頭に掲げた「ヨハネ福音書」の「言葉＝ロゴス」につながるのは言うまでもない。このロゴスとは、神のものなる神秘的な存在であり、われわれの肉体の限界である無明の死の世界を超越して、永遠に存続する霊的実在でもある。

戦場の山本七平は、そのロゴスを頼りに戦場を駆け抜けた。

しかし戦場とは言いながら、空爆にさらされながらの敗走と、間断のない飢餓の恐怖と苦痛との戦いでしかなかった。ジャングルに籠もり、マラリアに冒され、樹の根を喰らいながらの戦い。そして近代兵器に対する、まるで農民の一揆のような戦い。

山本七平がそこに見たのは、まるで鬼神とも幽鬼ともつかない日本兵の抵抗と、その狂気の如きものを統括する「神＝天皇＝現人神」の存在であった。それは一面では、確かにカントや聖書のロゴス＝理性＝言葉によって可能となったものだったが、その経験は後に、癒しがたい絶望感と執拗な問いを彼の心中に生じさせることになった。

それは、私たちの父のみならず、戦場から還って来られずに「父」とは成り得なかった男たちを、絶望的な情況の中でもなお死へと駆り立てた「現人神」自身が、「ロゴス」によって、「言葉」によって編み出された、神の虚像だったのではないか、ということである。『現人神の創作者たち』という本は、こうして血と硝煙の中で受胎されたのである。

一見すると、彼は商業出版にとって体のよい評論家だった。そこにはやむを得ない事情があったとはいえ、本当に言いたかったことは、あまり重要とは思えない多くの本の流通の前に、消え去っているように思える。戦場での「現人神」との対決という原体験によって紡がれた言葉の群れは、永遠に失われてしまったかのように見える。

では、山本七平は何を言おうとしていたのだろうか。どの言葉を、自らの死後までも残すべき言葉として記したのか。そのためにこそ五十歳になるまで沈黙を続け、まるで世を忍ぶ仮の姿ででもあるかのように、聖書に関する専門書を細々と出し続けていたのか。

山本七平は十字架に掛けられている。その痩せ細った顔は歪んでいる。生前、病の痛苦が夜となく昼となく、そのあばら骨の浮き出た枯れ木のような体を、声を上げんばかりの痛みが襲ったときのように。自分が本当に語ろうとした言葉を封じられたものの顔に浮かぶ、懊悩の表情。

虚構と虚偽に満ちたマス・メディアという世界での、滔々と流れ行く書物の歴史の中ではほんの一時の、儚《はかな》げな、手のひらにはらりと落ちてすぐにも枯れて行く花びらにしか過ぎないような、彼にとってはあまり重要でない作品にも渾身の力を籠めて、己の身を削るように記した。一人のもの書きとして、「まことの言葉」を残そうとする者として、沈黙の永きに耐えてもなお、あの戦場からの「言葉」を遺そうとした。

戦後二十余年、私は沈黙していた。もちろん一生沈黙していても、私は一向にかまわぬ。

山本七平の死後、『空気の研究』をはじめとして、その作品は切れ目なく、さまざまな形で刊行され続けている。にもかかわらず私には、そのいたずらな饒舌の中に、やはり大きな沈黙が隠されているように思えてならない。もとより沈黙は、山本七平にとって宿命と言えるものだったかも知れない。

そもそも二十余年もの沈黙とは、現人神の名のもとに大東亜戦争という壮大な「宗教戦争」で死んだ者たちへの、声低くしか語られないものの心の耳朶に鈍く、幾重もの波紋を広げながら響いていく鎮魂の詩を紡ぐための時間だった。神格化された、「歴史」という絶対者にして全能の裳裾を超えてなお、怨みを呑んで死んだ霊たちの、若き七平がその眼で目撃した機銃掃射で穴だらけになった戦友たちの真紅の血に染む口から、死してもなお洩れてくるような声を留めるために。

歴史とは、われわれがそこから目覚めようとしている悪夢である。

これは二十世紀を代表する作家ジェイムズ・ジョイスの言葉である。ジョイスが通過した悪夢は第一次世界大戦であった。山本七平の場合は、大東亜戦争である。彼らはともに、自らの血と戦友の血にまみれながら、悪夢のような世界の闇の中を通過したのである。

歴史という凄惨な絶対者の与える唯一の慰めは、それが流れ来たってやがては去ってゆく「時間」を本質とするものである以上、どのような悲惨さも、次第に彼方に過ぎて行く運命をまぬがれない。けれども「生還」した者は別として、悪夢の中に消えてゆくほかなかった死せる者である山本七平の真の意味での同胞は、いつの日か覚める機会を得られるだろうか。否、彼らは決して覚めないだろう。

ちょうど、能の主人公であるシテに取り上げられることの多い、中世最大の戦乱である源平の合戦で殺された武将たちの霊が死霊となり、中有（死と輪廻転生との合い間。チベット語で〝バルドゥー〟という）と現世との合い間を往き来して、その慨嘆を詠うように。そして非業の死を強いられた死者が悪夢から覚めることがないのと同様に、生きながらえた者も、それぞれの死にいたるまで、死者に対する愛と忠誠心が消えていくことはないのだが。

こうして「二十余年」の沈黙は、悪夢を通過して生きながらえた生者が、偽りの「覚醒」を頑なに拒んで、悪夢からの本当の目覚めを、歴史への真の覚醒を、絶対者もしくは神からのまごうことなき解放を達成するために必要な時間でもあったのである。

では、人は悪夢から真に覚めるためには、どうしたらよいのだろうか。七平にとっては、それはもう一度、悪夢が生じた「場所」に戻ることだった。

何をしていたかと問われれば「現人神の創作者」を捜索していたと言ってもよい。

私は別にその「創作者」を〝戦犯〟とは思わないが、もし本当に〝戦犯〟なるものがあり得るとすれば、その人のはずである。

この一書は、「現人神」という、そのために数知れぬ人々が命を捧げた〝絶対神〟の創造のプロセスを、文献学的に解体してゆくための書物である。南海に散らばる島嶼には名も無き将兵たちの腐乱死体が転がり、本土とて空爆で焼け野が原となるばかりでなく数多くの死者を生んだ、その大東亜戦争の悪夢の実態を確認しなければならなかった。無数の殉教者を生んだ近代の、そのじつ形而上学的な宗教戦争という悪夢の供給者（それを山本七平は〝戦犯〟と呼んだのだが）として、彼は「現人神」神学の体系構築者に求めた。

この辺りの事情を的確に記している人を挙げるとすれば、山本七平以外には、私は三島由紀夫と大江健三郎のほかに知らない。なかでも三島由紀夫は『英霊の声』において、二・二六事件の将校の霊のみならず、神風（私はこの語を、伝統の真の姿に従って「かむかぜ」と読みたいのだが）特攻隊の霊が、「現人神」への自らの殉教を全く無にしてしまうような天皇の人間宣言に向かって、怨嗟の声を上げる様を記している。

確かに大東亜戦争の間、私たちの父祖にとって天皇はまぎれもなく「神」であった。三島はこの辺りの事情をごまかしてはいない。山本七平もまた、それをごまかさず、正面から向き合った。

私が三代目のキリスト教徒として、戦前・戦中と、もの心がついて以来、内心においても、また外面的にも、常に「現人神」を意識し、これと対決せざるを得なかった。

こうして大東亜戦争への従軍体験は、「キリスト教徒」と自己規定した山本七平に日本人の心性への深刻な検討を迫っただけでなく、カミ対カミという思想的ドラマの解決を強いることになったのである。その問いは、同時に、戦後の日本が引き受けるべきものでもあったが、未完のままに残されている。

＊本書は一九八三年八月、文藝春秋から刊行された単行本を底本とし、山本七平ライブラリー版（一九九七年九月刊）を参照した。

＊本書中に、とりわけ引用された歴史的文献の中に、今日から見ると差別的あるいは差別的ととられかねない表現があります。しかし、故山本七平氏の意図は差別を容認、助長するものでは決してありません。山本氏は、敬虔なクリスチャンとして、また戦争体験者として、「日本的なるもの」の合理・不合理性を追究する姿勢を生涯貫いた人でもありました。本書の論理展開上、また歴史的背景および山本氏が故人であるという事情もあり、表現の削除、訂正は行わず、原文どおりといたしました。

（編集部）

自分のなかに歴史をよむ　阿部謹也

キリスト教に彩られたヨーロッパ中世社会の研究で知られる著者が、その学問的来歴をたどり直すことを通して描く〈歴史学入門〉。（山内進）

世界史の誕生　岡田英弘

世界史はモンゴル帝国と共に始まった。東洋史と西洋史の垣根を超えた世界史を可能にした、中央ユーラシアの草原の民の活動。

サンカの民と被差別の世界　五木寛之

歴史の基層に埋もれた、忘れられた日本を掘り起こす。漂泊に生きた海の民・山の民。身分制で賤民とされた人々。彼らが現在に問いかけるものとは。

張形と江戸女　田中優子

江戸時代、張形は女たち自身が選び、楽しむものだった。江戸の大らかな性を春画から読み解く。図版追加。カラー口絵4頁。（白倉敬彦）

隣のアボリジニ　上橋菜穂子

大自然の中で生きるイメージとは裏腹に、町で暮らすアボリジニもたくさんいる。そんな「隣人」アボリジニの素顔をいきいきと描く。（池上彰）

奴隷のしつけ方　マルクス・シドニウス・ファルクス　ジェリー・トナー解説　橘明美訳

奴隷の買い方から反乱を抑える方法まで、古代ローマ貴族が現代人に向けて平易に解説。奴隷なくして回らない古代ローマの姿が見えてくる。（栗原康）

江戸衣装図絵　奥方と町娘たち　菊地ひと美

江戸二六〇年の間、変わり続けた女たちのファッション。着物の模様、帯の結び、髪形、装身具など、その流行の変遷をカラーイラストで紹介する。

江戸衣装図絵　武士と町人　菊地ひと美

江戸の男たちの衣装は仕事着として発達した。やがて、遊び心や洒落心から様々なスタイルが生まれた。そのすべてをカラーイラストで紹介する。

幕末単身赴任　下級武士の食日記　増補版　青木直己

きな臭い世情なんてなんのその、単身赴任でやってきた勤番侍が幕末江戸の〈食〉を大満喫！　残された日記から当時の江戸のグルメと観光を紙上再現。

その後の慶喜　家近良樹

幕府瓦解から大正まで、若くして歴史の表舞台から姿を消した最後の将軍の〝長い余生〟を近しい人間の記録を元に明らかにする。（門井慶喜）

ちくま文庫

現人神《あらひとがみ》の創作者《そうさくしゃ》たち（上《じょう》）

二〇〇七年十月十日　第一刷発行
二〇二二年十二月五日　第六刷発行

著者　山本七平（やまもと・しちへい）

発行者　喜入冬子

発行所　株式会社　筑摩書房
東京都台東区蔵前二―五―三　〒一一一―八七五五
電話番号　〇三―五六八七―二六〇一（代表）

装幀者　安野光雅
印刷所　星野精版印刷株式会社
製本所　株式会社積信堂

ISBN978-4-480-42368-9 C0123